来华短期汉语进修教材

速通汉语

Expressway to Chinese

吴中伟 许金生 胡文华 主编
吴中伟 编著

高级

2

北京语言大学出版社
BEIJING LANGUAGE AND CULTURE UNIVERSITY PRESS

图书在版编目（CIP）数据

速通汉语 ：高级 . 2 / 吴中伟，许金生，胡文华主编 ；吴中伟编著 .-- 北京：北京语言大学出版社，2020.8

ISBN 978-7-5619-5700-4

Ⅰ.①速… Ⅱ.①吴… ②许… ③胡… Ⅲ.①汉语－对外汉语教学－教材 Ⅳ.① H195.4

中国版本图书馆 CIP 数据核字（2020）第 122353 号

速通汉语　高级 2

SUTONG HANYU　GAOJI 2

排版制作：北京创艺涵文化发展有限公司
责任编辑：张维嘉　尹晗羽　　英文翻译：吴中伟
责任印制：周　燚　　英文编辑：侯晓娟

出版发行：北京语言大学出版社
社　　址：北京市海淀区学院路 15 号，100083
网　　址：www.blcup.com
电子信箱：service@blcup.com
电　　话：编辑部　8610-82303647/3592/3395
国内发行　8610-82303650/3591/3648
海外发行　8610-82303365/3080/3668
北语书店　8610-82303653
网购咨询　8610-82303908
印　　刷：天津嘉恒印务有限公司

版　　次：2020 年 8 月第 1 版　　印　　次：2020 年 8 月第 1 次印刷
开　　本：880 毫米 × 1230 毫米　1/16　　印　　张：7.75
字　　数：125 千字　　定　　价：48.00 元

PRINTED IN CHINA

编写说明

汉语进修教学，可分为强化型和普及型两种，本教材为普及型汉语进修教材。本教材主要面向来华短期进修教学项目，也适用于国内外其他各类普及型汉语进修教学项目。教材的初、中、高三级既相互衔接，又具有一定的独立性，可根据需要单独使用；学习者可从头学起，也可以从其中某一册学起。

普及型短期进修教学的主要特点是：教学周期相对较短，学习者课外学习时间有限，学习者的学习动机和学习需求差异较大。本教材遵循汉语作为第二语言教学教材编写的基本原则以及汉语教材编写的发展趋势，针对普及型短期进修教学的上述特点，在编写中着力体现以下特点：

1. 以任务为载体，兼顾结构、功能、文化

结构、功能、文化相结合，是汉语作为第二语言教学遵循的基本原则。结构、功能、文化相结合的载体，就是任务，即交际活动。本教材按照从输入型任务到输出型任务的顺序，通过任务活动促进语言的输入和输出，完成相应的教学目标。

在语言点的安排上，本教材尽量照顾到语法结构教学的系统性。在语境设计上，注意贴近学习者生活，突出实用性。在内容主题的选择上，密切反映中国当代社会特点，体现时代气息。在文化因素的处理上，兼顾世界文化的共通性和中国传统文化的独特性。

2. 听说为主，精泛结合

总的来说，本教材属于综合教材，以提高学习者的汉语综合运用能力为目标。但考虑到短期进修教学的特点，在技能培养上以听说为主，兼顾读写。初级阶段 1 ～ 4 册的所有教学内容，均为汉字和拼音对照形式，以适应部分学习者技能发展不平衡的情况，以及不同学习者对技能发展的不同需求。使用者可根据实际情况对读写技能的培养确定相应的教学目标。

在中高级阶段，本教材在设计上体现精泛结合的理念，特别是高级阶段，对于聆听和阅读任务中的词语和结构，不要求全部掌握，为学习者的自主学习留出足够空间；同时，在完成理解性和表达性任务的过程中，注意学习策略的培养。

3. 注重课堂教学的操作性

教材编写的过程化，是教材编写的发展趋势。所谓过程化，就是通过练习和活动设计逐步推进教学目标的实现，使教材的内部结构与实际课堂教学的过程基本一致，这样有助于更好地实现教材的设计理念和设计目标，也减轻了教师在教学设计上的压力。当

然，学习者的特点千差万别，有经验的教师完全可以根据具体情况对教材中的设计安排进行灵活调整。

4. 在难度和容量上保持足够的适用空间

短期进修教学，教学周期相对较短，或为 1 ～ 2 周，或为 1 ～ 2 个月；另外，中国国内各大学的短期班一般是每天 3 ～ 4 课时完成 1 课的教学任务。因此，我们把每册容量定为 10 课。如果每天 1 课，每周 5 天，则每册可供 2 周教学使用。每课主要内容的设计课时为 3 课时，但每课均配有“延伸活动（或拓展练习）”，可供第 4 课时使用。这样的设计，便于不同教学周期、不同课时量的教学项目灵活选用。

另外，本教材虽然跨越初、中、高三个等级，但限于容量，不可能出齐各级全部词汇和语言点，为了保证与各册总体难度等级相适应，初级阶段该出而未出的部分词语和个别语言点，在中级阶段不再作为生词和新的语言点处理，高级阶段则根据精泛结合的原则，仅对本阶段重点词语、重点格式进行处理。

本教材共 12 册。难度上与 HSK 等级的大致对应关系为（容量上不完全覆盖各级内容）：

本教材	初级	中级	高级
	1 ～ 4 册	1 ～ 4 册	1 ～ 4 册
HSK 相应水平	1 ～ 3 级	4 级	5 级

教材由三位主编合作主持编写工作，具体分工如下：

许金生，负责初级 1 ～ 4 册；

胡文华，负责中级 1 ～ 4 册；

吴中伟，负责高级 1 ～ 4 册。

本教材出版前已在复旦大学国际文化交流学院暑期班试用，并根据试用反馈进行了修改，但肯定还存在疏漏、不足之处，敬请各位同行、老师批评指正！

编　者

2019 年 3 月

本册使用说明

《速通汉语　高级》共四册，本书为第二册，除本套教材总体特点以外，作为高级阶段用书，建议教师特别关注以下几个方面：

1. 注重形式与内容的有机结合

高级阶段的教学，在话题内容上有一定的专门化倾向，要有一定的深度。我们尽量选择比较稳定的、具有普适性和可讨论性的话题，同时在活动或任务中让学生自己找资料或开展小型调研，联系当前、当地具体情况，搜集材料，发表观点，展开讨论。同时，每个话题的背后都有隐性的语言教学目标，并通过练习来引导学生有意识地关注相关语言点。

建议在教学过程中坚持以内容为中心，同时适度关注语言形式，在以内容为中心的教学过程中实现学习者汉语综合运用能力的发展。

2. 培养学生的自主学习能力

尽管使用本册的学习者具有大致相同的汉语水平，但是在具体的学习点上是各不相同的。因此，本书每课后面均设有学习反思活动，让学生自觉地监控自己的学习过程，各取所需，各有所获。

建议教师在使用本教材时根据学生的具体情况调整教学目标和要求，并注意引导学生的学习策略，培养学生的自主学习能力。

3. 注意“质”与“量”的平衡、“精”与“泛”的结合

学习者的二语发展，是在大量、反复接触和运用语言的过程中逐步完善的，而不是以高度准确性为前提的简单的累积过程。本书不是一本精读教材。本书不设立传统意义上的“词语表”，仅提供“关键词语”；不设立传统意义上的“语言点”讲解，而是在活动环节的设计中有意识地关注本课重点词语和结构的运用；对于语料，重视语言表达的自然度，在此前提下，尽量保证语言难度的合适性和教学点的复现度及凸显度。

本书的听力和阅读材料都具有一定的泛听和泛读性质，教师在使用过程中不必要求学生百分之百理解，更不必要求对其中的词语和结构百分之百掌握，对于涉及的重点词语和结构，不必详细讲解其用法，适当“提点”即可。

教师可结合语言教学，适当训练学生理解和表达的相关微技能。

4. 通过输出性活动驱动语言学习

高级阶段教材的输入材料，在相当程度上是发挥激发和驱动表达的作用，并为表达提供一定的基础。但学习者在表达的时候一旦发生障碍，课文 / 语料本身并不一定

都能提供充分的支持。这时候，需要学习者的主动学习（如查词典）以及教师的针对性帮助，这样才能达到通过输出促进习得的目的。

建议教师在学习者的表达性活动中适度关注语言表达的准确度、流利度和复杂度，尽量为学生提供充分的相关表达方式，以满足学生个性化、创造性表达中的语言需求。另外，可以把语言教学和批判性阅读结合起来，不断推进话题的深化和语言表达能力的提升。

5. 兼顾四项技能，体现语体风格差异

本教材旨在培养学生听、说、读、写各项技能，但在教材设计上不是将听、说、读、写通过“课文”“毕其功于一役”，而是采取“听—读—说”不同活动逐步推进的方式。同时，根据特定语境和话题内容，以及由此限定的语言正式度的差异，呈现得体的表达方式。

在表达能力的培养方面，高级阶段可以采取“以写促说”的教学策略，让学生先写后说，通过“写”提高语言表达的正式度、复杂度和规范性。因此，在教材的口头表达任务中，我们要求学生先用参考词语和格式写一个提纲，然后再说。

考虑到本教材主要面向短期教学项目，因此我们对“写”没有较高要求。在使用中教师可根据实际情况进行调整。

本教材所用语料，大多基于网上材料进行了大幅度改写，或者综合多方面材料后重写。编者对语料中的观点不持立场，甚至为了激发讨论，同一课中的几篇语料的观点本来就是不一致的。编者对语料内容的真实性也不做核实，文中涉及的一些人名、公司名，大多是虚拟的。特此说明。

本册每课可用 3 ～ 4 课时完成，其中“拓展练习”部分约需 1 课时，为可选部分。“拓展练习”中出现过的“关键词语”，如果在后续课文中出现，如有必要，仍列入“关键词语”。

编　者

语法术语缩略形式表
Abbreviations of Grammar Terms

缩略形式 Abbreviation	英文翻译 English	中文名称 Chinese
A	Adjective	形容词
Adv	Adverb	副词
Conj	Conjunction	连词
M	Measure Word	量词
N	Noun	名词
NP	Noun Phrase	名词词组
Nu	Numeral	数词
O	Object	宾语
PN	Proper Noun	专有名词
Pre	Prefix	前缀
Prep	Preposition	介词
Pron	Pronoun	代词
Pt	Particle	助词
Q	Quantifier	数量词
S	Subject	主语
Suf	Suffix	后缀
V	Verb	动词
VP	Verb Phrase	动词词组

目 录

第一课

一个招聘故事的N种结局

一、热身

1. 你参加过公司的招聘吗？

2. 如果你连续参加几次招聘面试都没成功，你会对自己很失望吗？

二、听力

听力A 01-1

关键词语

1	结局	jiéjú	N	result, end
2	向往	xiàngwǎng	V	to yearn for, to desire to obtain
3	自杀	zìshā	V	to commit suicide
4	幸亏	xìngkuī	Adv	fortunately
5	录用	lùyòng	V	to hire, to employ

1 听第一遍录音，判断正误。

（1）（　　）一家公司要招聘10名员工。

（2）（　　）他显然不适合去这家公司工作。

（3）（　　）他这次面试的成绩很差。

（4）（　　）面试完后，公司让他马上去报到。

2 听第二遍录音，填空。

（1）这是他一直非常________的公司，而且自己的专业跟这次招聘的岗位也完全________，面试的时候他感觉一切________。

（2）________亲人及时发现并制止。

（3）他的面试成绩________很不错，可是工作人员在________的时候，把他的成绩给输错了。

（4）回家的路上，想到自己________为这点儿事情就想自杀，他觉得确实有点儿________。

3 听第三遍录音，回答问题。

（1）他面试完后，为什么觉得很有把握？

（2）这家公司犯了什么错误？故事的最终结局是什么？

听力 B 01-2

关键词语

1	应聘者	yìngpìnzhě		applicant, candidate
2	十拿九稳	shíná-jiǔwěn		90 percent sure
3	询问	xúnwèn	V	to inquire
4	遗憾	yíhàn	A	regrettable, sorry
5	谅解	liàngjiě	V	to understand, to make allowance for

1 听第一遍录音，判断正误。

（1）（　　）这次参加面试的应聘者有 300 多位。

（2）（　　）公司不承认他们的错误。

（3）（　　）公司无法改变最终结果。

2 听第二遍录音，填空。

（1）他________这是十拿九稳的事，可________竟然没成功。

（2）公司告诉他，非常________，也非常________，他们________无法录用他。

（3）________名单已经________，录用的 10 个人都已经________，所以结果无法改变了。

3 听第三遍录音，回答问题。

（1）他为什么感觉这次面试是十拿九稳的事？

（2）公司最后录用他了没有？为什么？

三、阅读

阅读 A

关键词语

1	保安	bǎo'ān	N	(of a building or community) security personnel
2	名列前茅	mínglièqiánmáo		top of the list
3	喜出望外	xǐchūwàngwài		to be overjoyed at something unexpected
4	挫折	cuòzhé	N	frustration, setback
5	心理	xīnlǐ	N	psychology
6	承受	chéngshòu	V	to bear
7	成不了	chéng bu liǎo		impossible to succeed, won't work

来晚了

一家著名的公司要招聘 10 名员工。经过严格的初试和复试，公司从 300 多位应聘者中选出了 10 位。公布结果这天，一个青年看见名单上没有自己的名字，十分失望，冲到一幢大楼的楼顶要跳楼自杀，幸亏保安及时发现并制止。

就在他极其悲伤的时候，从公司传来了好消息。他的成绩其实相当不错，在 300 多名应聘者中，他的成绩是名列前茅的，只是工作人员在输入的时候，把他的成绩给输错了，才造成了这样的结果。听到这个消息，他喜出望外。他赶紧跑到公司，询问什么时候可以正式报到。可是公司的工作人员告诉他，非常抱歉，也非常遗憾，他来晚了。老板就在一分钟之前改变了他的决定。公司本来是要录用他的，可是老板刚刚听说了他要跳楼的事情，对他非常失望。老板说："遇到一点点挫折就要去跳楼，这样的人心理承受能力太差，是成不了什么大事的，公司不欢迎这样的员工。"

1 快速读完上面的短文，根据短文内容选择正确答案。

（1）在这次面试中，他________。

A. 是第一名

B. 是第二名或第三名

C. 可能是前五名中的一个

（2）公司不打算录用他，是因为________。

A. 老板不相信他真的会跳楼

B. 老板不喜欢像他这样的人

C. 老板不打算改正错误

（3）这位年轻人最终没有被录用，是________造成的。

A. 他自己　　B. 公司老板　　C. 公司的电脑

2 再读一遍短文，根据短文内容填空。

（1）他的成绩其实相当不错，在 300 多名应聘者中，他的成绩是________的。

（2）听到这个消息，他________。

（3）公司本来是要________他的，可是老板刚刚听说了他要跳楼的事情，对他非常失望。

（4）遇到一点点挫折就要去跳楼，这样的人________承受能力太差，是________什么大事的。

3 根据短文内容，用括号中的词语或格式回答问题。

（1）他极其悲伤的时候，从公司传来了什么消息？（其实　只是）

（2）公司的工作人员为什么说他来晚了？（就　刚刚）

（3）公司老板觉得这位年轻人怎么样？（挫折　承受）

阅读 B

关键词语

1	宁可	nìngkě	Adv	would rather
2	导致	dǎozhì	V	to lead to
3	坚决	jiānjué	A	determined
4	所谓	suǒwèi	A	so-called
5	混乱	hùnluàn	A	chaotic, disordered
6	前途	qiántú	N	future

宁可不去

一家著名的公司要招聘 10 名员工。经过严格的初试和复试，公司从 300 多位应聘者中选出了 10 位。公布结果这天，一个青年看见名单上没有自己的名字，十分失望，冲到一座大桥上就要跳河自杀，幸亏路人及时发现并制止。

就在他极其悲伤的时候，他接到公司来电，说他的成绩其实相当不错，在 300 多名应聘者中，他的成绩是名列前茅的，是电脑操作失误才导致他落选。公司向他表示歉意，并表示，只要他愿意，马上就可以去公司报到。

正当他喜出望外之时，他的父母却坚决反对儿子进入这家公司。他们的理由是：尽管这家公司能主动打电话来，确实很认真负责，也很诚实，但是他们在管理上是有问题的；所谓的电脑错误，实际上是人的错误，这说明这家公司在管理上比较混乱；儿子进入这家公司不可能有什么发展前途；这样的公司，宁可不去。

1 快速读完上面的短文，根据短文内容选择正确答案。

（1）________制止了他的自杀行为。

A. 亲人　　B. 路人　　C. 保安

（2）公司的来电________。

A. 通知他被录用了

B. 只是表示一下歉意

C. 解释了为什么他没被录用

（3）他的父母觉得这家公司________。

A. 很不负责　　B. 很不诚实　　C. 很混乱

2 再读一遍短文，根据短文内容填空。

（1）在 300 多名应聘者中，他的成绩是名列前茅的，________电脑操作失误________导致他落选。

（2）________他喜出望外________，他的父母________坚决反对儿子进入这家公司。

（3）________电脑错误，________是人的错误，这说明这家公司在管理上比较混乱。

3 根据短文内容，用括号中的词语或格式回答问题。

（1）在电话里，公司向他表明了什么态度？（只要……就……）

（2）他的父母反对他进入这家公司的理由是什么？（尽管……但是……）

四、表达活动

1. 3~5 人一组，交流一下：你对课文中年轻人的看法是什么？

（1）先把你的看法写在一张纸上，你可以选用下面括号中的词语。

（挫折　心理　可笑　其实　正常　前途）

（2）口头交流各自的看法。

2. 课文的四种结局中，你觉得哪一种比较合理？先分组讨论，然后每个小组派一个代表向全班汇报小组的讨论情况。

五、拓展练习

听力 01-3

关键词语

1	律师	lǜshī	N	lawyer
2	一再	yízài	Adv	repeatedly
3	告	gào	V	to sue, to accuse
4	支付	zhīfù	V	to pay
5	精神赔偿	jīngshén péicháng		moral compensation
6	担任	dānrèn	V	to hold the post of

1 听第一遍录音，选择正确答案。

（1）当地一些律师事务所先后打来电话，向他表示________。

A. 同情　　B. 支持　　C. 安慰

（2）这些律师都建议他________。

A. 去公司工作　　B. 跟公司打官司　　C. 去当一个律师

（3）这一事件对他在________造成了伤害。

A. 精神上　　B. 身体上　　C. 经济上

2 听第二遍录音，填空。

（1）有位青年________十拿九稳，可是________自己竟然落选了。

（2）公司________地向他表示歉意，并________通知他马上去公司报到。

（3）________这一事件对他在精神上造成的伤害，他们________劝说，他应该到法院去告这家公司，要求这家公司支付精神赔偿费。

3 听第三遍录音，用括号中的词语或格式回答问题。

（1）那些律师事务所为什么给他打电话？（表示　劝说）

（2）律师为什么建议他要求这家公司支付精神赔偿费？（精神上　造成）

阅读

关键词语

1	背后	bèihòu	N	behind
2	黑幕	hēimù	N	inside story
3	抱怨	bàoyuàn	V	to complain
4	当初	dāngchū	N	at that time, in the beginning
5	是否	shìfǒu	Adv	whether
6	违法乱纪	wéifǎ-luànjì		to violate the law and discipline
7	贪污受贿	tānwū-shòuhuì		corruption and bribery

背后有黑幕?

一家著名的公司要招聘10名员工。经过严格的初试和复试，公司从300多位应聘者中选出了10位。公布结果这天，一个青年看见名单上没有自己的名字，十分惊讶。他觉得自己的专业跟这次招聘的岗位十分匹配，面试的时候也感觉一切顺利，问题不难，而且他看到面试官不断点头，似乎对他很满意。本以为是十拿九稳的事，可万万没想到竟然落选了。他觉得很难接受这个结果，就在微信朋友圈里抱怨了几句。

没想到，朋友把他的抱怨给转发了出去，于是这件事就在网上传开了。一时间，大家议论纷纷。

两天后，公司给他来电，告诉他这是一个电脑操作失误，其实他的面试成绩很优秀。公司真诚地向他表示了歉意，并正式通知他马上去公司报到。他赶紧又在朋友圈发布了这个好消息。朋友又把他的喜讯给转发了出去。但是，许多人并不相信，而是纷纷怀疑当初是否确实是由于电脑操作失误才导致他落选，背后是否有黑幕，是否存在违法乱纪、贪污受贿行为……

一个星期以后，大家对此事不再感兴趣。一个月以后，没有人再议论此事，这位年轻人早已在这家公司上班，一切顺利。

1 快速读完上面的短文，根据短文内容选择正确答案。

（1）他是一个很________的人。

A. 勇敢　　B. 自信　　C. 麻烦

（2）他把自己的遭遇发在了________。

A. 报纸上　　B. 公共网络上　　C. 朋友圈

（3）一些人对“电脑操作失误”的说法表示________。

A. 相信　　B. 怀疑　　C. 赞同

2 再读一遍短文，根据短文内容填空。

（1）他觉得很难________这个结果，就在微信朋友圈里________了几句。

（2）________，朋友把他的抱怨给转发了出去，________这件事就在网上传开了。________，大家议论纷纷。

（3）许多人________不相信，________纷纷怀疑当初________确实是由于电脑操作失误才导致他落选，背后________有黑幕，________存在违法乱纪、贪污受贿行为……

3 根据短文内容，用括号中的词语或格式回答问题。

（1）他为什么觉得很难接受这个结果？（感觉　而且）

（2）对他发布的第二个消息，一些人的反应是什么？（并不　怀疑　是否）

语言实践

试为本课的招聘故事设计一个新的结局。

六、聚宝盆（写下这一课新学会的词语和句子）

第二课

普通人的一天

一、热身

1. 谈谈你的一天是怎么过的。

2. 猜猜你的老师的一天是什么过的。

二、听力

听力 A 02-1

关键词语

1	幼教	yòujiào	N	early childhood education
2	少年宫	shàoniángōng	N	Children's Palace, public facility where children take part in extra-curricular activities
3	家长	jiāzhǎng	N	parent or guardian of a child
4	全托	quántuō	V	to put one's child in a boarding nursery
5	轮休	lúnxiū	V	to take turns to rest

1 听第一遍录音，判断正误。

（1）（　　）他是一位少年班的老师。

（2）（　　）他每周六休息。

（3）（　　）他和同事两个人合带一个班。

（4）（　　）他儿子大概四五岁。

2 听第二遍录音，填空。

（1）我每天六点起床，七点________出门，七点半以前必须________教室。

（2）他们一般在七点半过一点儿的时候，就把孩子________来了。然后我会一直忙到下午五点多，看着家长把最后一个孩子________走。

（3）平时我和另外一位老师一起________一个班，每个星期我俩________一天。

（4）我不打________，他们就一定会打________。

3 听第三遍录音，回答问题。

（1）他是做什么工作的？

（2）他周末一般是怎么过的？

听力 B 02-2

关键词语

1	挖掘机	wājuéjī	N	excavator
2	创业	chuàngyè	V	to start a business
3	馒头	mántou	N	*mantou*, steamed bread
4	抢险	qiǎngxiǎn	V	to rush to deal with an emergency
5	甲方	jiǎfāng	N	Party A
6	耽误	dānwu	V	to delay
7	故障	gùzhàng	N	breakdown
8	登录	dēnglù	V	to log in

1 听第一遍录音，判断正误。

（1）（　　）他是个老板，有一台挖掘机，但是他自己不会开。

（2）（　　）他从早到晚都在工地上。

（3）（　　）他自己开发了“我的伙伴”APP。

2 听第二遍录音，填空。

（1）创业确实________，早出晚归那是________的事。

（2）甲方时间________得比较紧，驾驶员最近________了，________找不到合适的人手，这段时间只能我自己________了，不能耽误工期啊。

（3）________我自己会开挖掘机，设备也比较________，很少出故障。

（4）________我这三口之家的小日子过得越来越好，________苦________累也是值得的。

3 听第三遍录音，回答问题。

（1）他是干什么的？

（2）他最近为什么特别辛苦？

三、阅读

阅读 A

关键词语

1	平原	píngyuán	N	plain, flatlands
2	喷雾器	pēnwùqì	N	sprayer
3	棉花	miánhuā	N	cotton
4	亩	mǔ	M	*a unit of land measure*, 1 *mu* ≈ 666.7 m^2
5	茄子	qiézi	N	eggplant
6	打盹儿	dǎ dǔnr	VO	to take a nap
7	拧	nǐng	V	to screw, to twist
8	花生	huāshēng	N	peanut
9	乘凉	chéng liáng	VO	to relax in a cool place

战高温

最近华北平原持续高温。

早上5: 30，气温30度。趁着还不是太热，老王赶紧洗了把脸，背上喷雾器，带上农药，向棉花地进发。7:30，用一台老式手动喷雾器，喷完了3亩地。8:30，气温开始上升。老王简单吃完早饭，跟老婆一起摘了一批茄子，装上车，向30里以外的菜市场进发。老婆在那儿卖茄子，老王先回家，吃完午饭，稍微打个盹儿。起来后，开始修理那个老式喷雾器。

15:30，老王走进棉花地，好像进了火炉，至少有40度，热浪一阵一阵地往上涌。沿着地垄，他一行一行地给棉花掐尖儿，打杈。随身带的毛巾，每一次擦过汗后，都能拧出水来。

17:00，气温开始回落，但也在35度左右。他重新拿起喷雾器，到花生地给花生喷药。

喷完药回到家，天还没黑。院子里吹来一阵一阵的凉风，大槐树下，老婆已经把饭菜摆好了，老人在乘凉，孩子们在打闹。邻居来串门，找他一起喝一杯，边喝边聊……

1 快速读完上面的短文，根据短文内容选择正确答案。

（1）这一天的最高温度有________。

A.30℃左右　　B. 35℃左右　　C. 40℃左右

（2）他一大早去给________喷农药。

A. 花生　　B. 棉花　　C. 茄子

（3）他最轻松的时候是________。

A. 早上　　B. 中午　　C. 晚上

2 再读一遍短文，根据短文内容填空。

（1）早上5:30，气温30度。________还不是太热，老王赶紧洗了把脸，________喷雾器，________农药，向棉花地进发。

（2）老王走进棉花地，好像进了________，至少有40度，热浪________往上________。

（3）随身带的毛巾，每一次擦过汗后，都能________。

（4）院子里吹来________凉风，大槐树下，老婆已经把饭菜摆好了，老人在________，孩子们在________。

3 根据短文内容，用括号中的词语或格式回答问题。

（1）下午棉花地里的温度怎么样？（好像 一阵一阵）

（2）晚上老王家院子里是什么样的情景？（凉风 老人 孩子们 邻居）

阅读 B

关键词语

1	叮嘱	dīngzhǔ	V	to urge (again and again)
2	化验	huàyàn	V	to run a laboratory test
3	示范	shìfàn	V	to show, to set an example
4	操作	cāozuò	V	to operate
5	征得	zhēngdé		to get, to acquire
6	家属	jiāshǔ	N	family member(s)
7	沟通	gōutōng	V	to communicate
8	外科	wàikē	N	surgical department

不仅仅是做手术

8:00　交接班。

8:30　开始查房。把负责的十二个床位的病人看一遍，查看病情的最新变化，根据每个病人的不同情况，叮嘱一下要注意的问题。还要适当跟他们聊聊天儿，回答他们各种各样的疑问，安慰一下害怕手术的病人，尽量让他们放松一点儿。

9:30　开医嘱。根据病情，对病人的用药、化验等进行安排和调整。

9:45　进手术室，进行今天的第一台手术。这是一台胆囊切除手术。手术很顺利，一个小时左右结束。

11:00　午餐。

12:00　开始连续做两台手术。

14:30 给实习生讲课，然后给他们示范一次换药操作（事先征得病人同意）。

16:00 回到办公室，正准备写三台手术的记录，护士说明天有位病人要做手术，但他的家属不肯签手术同意书，还大发脾气。只好请那位家属过来，跟她耐心沟通了差不多一个小时。

17:00 继续写手术记录，然后再给一位病人写出院小结。

19:00 下班。女朋友已经把晚饭买好，正等着我。

我女朋友正在读医学博士。我想告诉她，外科医生的工作不仅仅是做手术。

1 快速读完上面的短文，根据短文内容选择正确答案。

（1）他今天工作了大约________。

A. 八个小时　　B. 九个小时　　C. 十个小时

（2）他今天做了________手术。

A. 一台　　B. 两台　　C. 三台

（3）给那位病人动手术前，必须________。

A. 跟家属沟通一小时

B. 做好与病人的谈话记录

C. 由家属签手术同意书

2 再读一遍短文，根据短文内容填空。

（1）把负责的十二个床位的病人看一遍，查看病情的最新变化，________每个病人的不同________，叮嘱一下要注意的问题。

（2）还要适当跟他们________，________他们各种各样的疑问，________一下害怕手术的病人，尽量让他们放松一点儿。

（3）护士说明天有位病人要做手术，但他的家属不肯签手术同意书，还大发脾气。________请那位家属过来，跟她耐心________了差不多一个小时。

3 根据短文内容，用括号中的词语或格式回答问题。

（1）他这一天都做了哪些事？（查房　手术　示范　沟通）

（2）他为什么想说外科医生的工作不仅仅是做手术？（除了……还……）

四、表达活动

1. 3~5 人一组，交流一下：课文中 4 个普通人的一天，你觉得有什么共同点？

（1）先把你的看法写在一张纸上，你可以选用下面括号中的词语。

（辛苦 专业 努力 勤劳 敬业 乐观 爱心 责任 耐心 苦 累 忙 喜欢）

（2）口头交流各自的看法。

2. 介绍一下你的一天。先分组交流，然后每个小组派一个代表向全班汇报小组的交流情况。

五、拓展练习

听力 02-3

关键词语

1	卓越	zhuóyuè	A	excellent
2	实验室	shíyànshì		laboratory
3	决策	juécè	N &V	decision; to make a decision
4	界	jiè		circles, field
5	度	dù	V	to spend

1 听第一遍录音，选择正确答案。

（1）她是一位________。

A. 医生　　B. 公司经理　　C. 大学教授

（2）她一般________会醒。

A. 5:30　　B. 6:30　　C. 7:30

（3）她大概________回家。

A. 下午 5:00　　B. 晚上 7:00　　C. 晚上 10:00

2 听第二遍录音，填空。

（1）我早上习惯________去公园运动一个小时，________回家洗澡，吃饭，________骑自行车去学校。

（2）下午的时间我是在实验室里________的。我的博士生每天也在实验室里，有问题________讨论。

（3）________下班不下班，晚饭我在学校食堂吃。晚上的时间，我会读最新的学术论文，思考问题。

3 听第三遍录音，用括号中的词语或格式回答问题。

（1）她上午主要有哪些工作？（先……然后……）

（2）她每天睡几个小时？（基本上　特别忙的时候）

阅读

关键词语

1	珍惜	zhēnxī	V	to cherish
2	心态	xīntài	N	mentality
3	改善	gǎishàn	V	to improve
4	高效	gāoxiào	A	efficient
5	有条不紊	yǒutiáo-bùwěn		in an orderly way
6	更新	gēngxīn	V	to update

珍惜每一天

生命是由每一天构成的。请珍惜每一天，请过好每一天。

每天准时起床，并保持一个愉快的心态。每天对你遇到的人都保持微笑。

每天至少做一件好事。做好事会让你心情愉快。

每天坚持步行20分钟。步行可以改善大脑供氧情况和血液循环，保持头脑活力；也可以让你保持矫健敏捷的体态。

每天专业高效地工作。工作认真负责，有条不紊，跟同事充分沟通，密切合作。

每天学习一点儿新知识。在现代社会，知识更新非常快，不学习就会跟不上时代的发展。

每天晚上跟家人一起聊聊天儿。别只顾着看电脑，玩儿手机。

每天晚上保证有一个小时的阅读时间。阅读使人愉快，阅读使人进步。

每天晚上计划好第二天要做的事情。

每天在 12 点之前入睡。

1 快速读完上面的短文，根据短文内容选择正确答案。

（1）作者主张每天要学习新知识，是因为________。

A. 学习可以保持头脑活力

B. 现代社会知识更新很快

C. 学习让人心情愉快

（2）作者觉得步行对________有好处。

A. 心情　　B. 健康　　C. 工作

（3）作者不赞成________。

A. 用手机　　B. 适度玩儿手机　　C. 过度使用手机

2 再读一遍短文，根据短文内容填空。

（1）生命是________每一天________的。请________每一天，请________每一天。

（2）每天准时起床，并________一个愉快的________。

（3）每天晚上________有一个小时的阅读时间。阅读________人愉快，阅读________人进步。

3 根据短文内容，用括号中的词语或格式回答问题。

（1）为什么作者说要珍惜每一天？（由……构成）

（2）关于珍惜每一天，作者提出了哪些建议？（每天）

语言实践

采访一位中国人，了解一下他的一天是怎么度过的。

六、聚宝盆（写下这一课新学会的词语和句子）

第三课

谁照顾谁？

一、热身

1. 你知道现在中国60岁以上的老人有多少吗？

2. 你知道哪些养老方式？你觉得哪一种最好？

二、听力

听力A 03-1

关键词语

1	老伴儿	lǎobànr	N	(of an old married couple) husband or wife
2	分居	fēn jū	VO	to live apart
3	空巢	kōngcháo	N	empty nest
4	孤单	gūdān	A	lonely
5	而已	éryǐ	Pt	nothing but

1 听第一遍录音，判断正误。

（1）（　　）张大爷不赞成他老伴儿去儿子家帮忙。

（2）（　　）张大爷自己不愿意给儿子帮忙。

（3）（　　）张大爷的儿子跟张大爷不在同一个城市。

（4）（　　）张大爷喜欢自己一个人生活。

2 听第二遍录音，填空。

（1）张大爷和他老伴儿没想到，老了________开始了“________”生活。

（2）________孤单，________张大爷自己照顾自己还是________的。

（3）老伴儿每个月也会回来几天，但________几天________。________多久，就开始想孙子，又要过去帮忙了。

（4）现在年轻人工作________，生活________。我们身体还好，________他们________也是应该的。

3 听第三遍录音，回答问题。

（1）张大爷和老伴儿为什么开始了“分居”生活？

（2）对于去儿子家帮忙带孩子这件事，张大爷的老伴儿怎么看？

听力 B 03-2

关键词语

1	敬老院	jìnglǎoyuàn	N	old people's home
2	体谅	tǐliàng	V	to show understanding and sympathy for
3	迫不得已	pòbùdéyǐ		to have to (do something)
4	说闲话	shuō xiánhuà		to satirize or criticize
5	陪伴	péibàn	V	to accompany
6	得意	déyì	A	pleased with oneself
7	自理	zìlǐ	V	to take care of oneself
8	尽孝	jìn xiào	VO	to practise filial piety

1 听第一遍录音，判断正误。

（1）（　　）她觉得母亲不是真的想去敬老院。

（2）（　　）她觉得母亲要是住在敬老院的话会不快乐。

（3）（　　）她对自己将来是否能够照顾好老人不是很有把握。

2 听第二遍录音，填空。

（1）父母提出要去敬老院，那是他们________儿女的________，是________。

（2）我闺女________我啊，她需要我照顾。没办法，我________先________不去敬老院了。

（3）今天和他们打麻将的人很可能第二天就________了，那________难受啊！

（4）不过________，________他们真的老了，生活不能自理了，我们有时间、有精力照顾他们吗？我们真的能________吗？

3 听第三遍录音，回答问题。

（1）她为什么不愿意让母亲去敬老院？

（2）在照顾老人的问题上，儿女的难处是什么？

三、阅读

阅读 A

关键词语

1	另类	lìnglèi	A	special, different
2	潇洒	xiāosǎ	A	natural and unrestrained
3	状况	zhuàngkuàng	N	condition, state
4	老有所乐	lǎoyǒusuǒlè		to let old people have their own fun
5	围着……转	wéizhe…zhuàn		to revolve around

"另类"的退休生活

陈大爷夫妇是活得比较潇洒的一对，也许是因为运动的原因，他们看上去比同龄人年轻许多。他们很忙，除了骑行、旅游，陈大爷夫妇还喜欢游泳、打篮球。陈大爷的老伴儿告诉记者，退休后，她和陈大爷也像大多数中国老人一样，帮子女带孩子。把孙女带到上小学后，除了早晚接送孩子，老两口的生活好像一下子无事可做了。“一整天都不知道干点儿什么，精神和身体状况也不好了，”陈大爷的老伴儿说，“想着自己一天一天老去，就这样等着孩子不再需要自己，自己就真的什么也干不了了。”而且，在她看来，要真正给子女减轻负担，就要做到身体健康，老有所乐。她的想法得到了老伴儿和子女的赞同。就这样，他们夫妇开启了自己多彩的退休生活。不过，有些人也会说点儿闲话：“你看那老两口子，不管孩子，就只顾自己玩儿。”但是陈大爷夫妇觉得：“我们不能一辈子都围着孩子转，我们也需要有自己的生活。”

1 快速读完上面的短文，根据短文内容选择正确答案。

（1）陈大爷夫妇退休以后，________。

A. 拒绝帮子女带孩子

B. 生活内容丰富

C. 身体状况越来越差

（2）陈大爷夫妇看上去比较年轻，也许是因为他们________。

A. 喜欢运动　　B. 闲着没事　　C. 不用管孩子

（3）关于陈大爷夫妇的爱好，文中没有提到什么？

A. 旅游　　B. 游泳　　C. 跑步

2 再读一遍短文，根据短文内容填空。

（1）陈大爷夫妇是________得比较________的一对，也许是因为运动的原因，他们看上去比同龄人年轻许多。

（2）想着自己一天一天老去，就这样等着孩子不再需要自己，自己就真的________了。

（3）有些人也会________点儿________：“你看那老两口子，不________孩子，就只________自己玩儿。

（4）我们不能一辈子都________孩子________，我们也需要有自己的生活。

3 根据短文内容，用括号中的词语或格式回答问题。

（1）为什么说陈大爷夫妇是活得比较潇洒的一对？（自己的生活）

（2）别人能理解陈大爷夫妇的做法吗？（说闲话）

阅读B

关键词语

1	节奏	jiézòu	N	rhythm
2	逛	guàng	V	to stroll
3	股市	gǔshì	N	stock market
4	行情	hángqíng	N	market quotation(s), price
5	琴棋书画	qín-qí-shū-huà		zither-playing, chess, calligraphy and painting —fancies of men of letters

退休后干点儿啥?

李大爷去年十一月正式退休，他老伴儿已经退休五六年了。两人只有一个儿子，在国外。退休后，李大爷的生活节奏一下子慢了下来。早上起来以后，不管需不需要买菜，他都要去菜市场逛一圈。吃完早饭后，看会儿电视或听会儿广播，然后就打开电脑看看股市行情。吃完午饭，就睡个午觉。到了三点钟，如果天气好，李大爷会和老伴儿一起去附近的公园走走。

李大爷说，他现在真的后悔年轻时没培养点儿业余爱好。“琴棋书画，一样儿也不会；体育运动，只看不练。”李大爷也曾想从头学点儿什么东西，或者带上老伴儿出去旅游，但总是没多大兴趣。“有大把的时间却不知干点儿什么，心里有点儿空落落的。”倒是他老伴儿，这几年爱上了广场舞。早上一场，晚上一场，精神好了，身体也好了。

1 快速读完上面的短文，根据短文内容选择正确答案。

（1）李大爷夫妇不用帮忙管孩子，是因为________。

A. 他们没有子女　　B. 儿子还没结婚　　C. 儿子在国外

（2）李大爷觉得每天的生活________。

A. 比较丰富　　B. 比较忙碌　　C. 比较无聊

（3）李大爷的老伴儿喜欢________。

A. 跳舞　　B. 书画　　C. 运动

2 再读一遍短文，根据短文内容填空。

（1）退休后，李大爷的生活节奏一下子慢了________。

（2）李大爷说，他现在真的后悔年轻时没培养点儿________。

（3）有________的时间却不知干点儿什么，心里有点儿________。

（4）________他老伴儿，这几年爱________了广场舞。早上一场，晚上一场，精神好了，身体也好了。

3 根据短文内容，用括号中的词语或格式回答问题。

（1）李大爷有什么业余爱好吗？（琴棋书画　体育运动）

（2）李大爷的老伴儿有什么业余爱好吗？（爱上）

四、表达活动

1. 3~5人一组，交流一下：课文中说到的几种退休生活，你比较喜欢哪一种？

（1）先把你的看法写在一张纸上，你可以选用下面括号中的词语。

（帮忙　照顾　需要　管　自由自在　爱好　潇洒　空落落）

（2）口头交流各自的看法。

2. 介绍一下你们国家老人的退休生活。先分组交流，然后每个小组派一个代表向全班汇报小组的交流情况。

五、拓展练习

听力 03-3

关键词语

1	布局	bùjú	N	layout
2	康复	kāngfù	V	to get well from illness; rehabilitation

3	设施	shèshī	N	facility
4	齐全	qíquán	A	complete
5	护理	hùlǐ	V	to nurse, to care
6	不可思议	bùkě-sīyì		incredible
7	志愿者	zhìyuànzhě	N	volunteer
8	隔壁	gébì	N	next door

1 听第一遍录音，选择正确答案。

（1）阳光家园老年公寓的床位费一个月________元。

A. 600　　B. 2000　　C. 5000

（2）入住青年公寓的人，每个月必须做满________小时的志愿者服务。

A. 20　　B. 5　　C. 4

（3）志愿者服务的内容是________。

A. 陪伴老人　　B. 护理老人　　C. 照顾老人

2 听第二遍录音，填空。

（1）小区中间是一个湖，湖的周围是 18 幢建筑，________是老年公寓和青年公寓，________两幢老年公寓之间是一幢青年公寓。

（2）每幢建筑里还________棋牌室、书画室、餐厅、休闲活动区________。

（3）青年公寓的房租低得________，500 元 / 月。

（4）服务的内容，________陪老人聊天儿、写字、活动，教他们使用智能手机，________。

3 听第三遍录音，用括号中的词语或格式回答问题。

（1）为什么说阳光家园是一个特别的住宅小区？（由……构成）

（2）青年公寓的房租为什么低得不可思议？（满足……条件）

阅读

关键词语

1	发布会	fābùhuì		(news) conference
2	数据	shùjù	N	data
3	及	jí	Conj	and
4	呈……趋势	chéng···qūshì		to show a...trend
5	深入	shēnrù	A&V	in-depth; to go deep into

我省已成为全国老年人口第一大省

5月24日，省政府新闻办举行新闻发布会，介绍我省老年人口最新数据。2017年，我省60岁及以上老年人口达到2137.3万人，占总人口的21.4%，高出全国平均水平4个百分点，是全国老年人口第一大省。2010年以来，我省老年人口呈加快增长趋势，每年新增老年人口80万～100万人。

在老年人口结构方面，我省60～69岁的低龄老年人口1293.8万人，占全部老年人口的60.5%；70～79岁的老年人口595.4万人，占全部老年人口的27.9%；80岁及以上的高龄老年人口248.1万人，占全部老年人口的11.6%。

随着老年人口的不断增加，关于养老方式的讨论也越来越深入，养老问题成为省政府近年来高度重视的工作之一。

1 快速读完上面的短文，根据短文内容选择正确答案。

（1）从全国来看，老年人口占总人口的比例大约是________。

A. 17%　　B. 25%　　C. 20%

（2）按照目前的发展趋势，10年以后，该省70～79岁的老年人口，跟现在60～69岁的低龄老年人口相比，将会________。

A. 更多　　B. 略少　　C. 一样多

（3）目前，该省的老年人口是________。

A. 五百多万　　B. 一千多万　　C. 两千多万

2 再读一遍短文，根据短文内容填空。

（1）2017 年，我省 60 岁及以上老年人口________2137.3 万人，________总人口的 21.4%，________全国平均水平 4 个百分点，是全国老年人口第一大省。

（2）2010 年以来，我省老年人口________加快增长________，每年新增老年人口 80 万～100 万人。

（3）________老年人口结构________，我省 60～69 岁的低龄老年人口 1293.8 万人，占全部老年人口的 60.5%。

（4）________老年人口的不断增加，关于养老方式的讨论也越来越________，养老问题成为省政府近年来________的工作之一。

3 根据短文内容，用括号中的词语或格式回答问题。

（1）2010 年以来，该省老年人口的发展趋势是怎样的？（呈……趋势）

（2）该省目前的老年人口结构是怎样的？（占）

语言实践

查阅资料，分析一下中国主要有哪几种养老方式。

六、聚宝盆（写下这一课新学会的词语和句子）

第四课 人工智能

一、热身

1. 你知道什么是人工智能吗？

2. 你觉得将来机器人会跟人类一样聪明吗？

二、听力

听力 A 04-1

关键词语

1	忙碌	mánglù	A	busy
2	家务	jiāwù	N	housework
3	法宝	fǎbǎo	N	magic weapon
4	污渍	wūzì	N	stain
5	导航	dǎoháng	V	to navigate
6	智能	zhìnéng	A	smart
7	厨艺	chúyì	N	cooking skill

1 听第一遍录音，判断正误。

（1）（　　）这是一个机器人公司的广告。

（2）（　　）这里一共推荐了四样东西。

（3）（　　）最神奇的是扫地机器人。

（4）（　　）智能炒菜机做一道菜只需要 30 分钟。

2 听第二遍录音，填空。

（1）做家务的事，________我们________！本公司“三大法宝”机器人帮您________！

（2）我们的空气净化机器人________听您指示，您让它________它就________。

（3）30分钟搞定________，________一流，________您满意！

3 听第三遍录音，回答问题。

（1）这里一共介绍了哪几样产品？

（2）请选择一样产品，介绍一下它的特点。

听力B 04-2

关键词语

1	鬼魂	guǐhún	N	ghost
2	自动	zìdòng	A	automatic
3	驾驶	jiàshǐ	V	to drive
4	许可	xǔkě	V	to permit, to license
5	允许	yǔnxǔ	V	to permit, to allow
6	预计	yùjì	V	to estimate
7	销量	xiāoliàng	N	sales (volume)

1 听第一遍录音，判断正误。

（1）（　　）自动驾驶汽车的安全性不太高。

（2）（　　）自动驾驶汽车在一些地方已经可以上路了。

（3）（　　）自动驾驶汽车由电脑系统控制行驶。

2 听第二遍录音，填空。

（1）这是________驾驶汽车，又称无人驾驶汽车、电脑驾驶汽车，它是一种通过电脑系统________无人驾驶的________汽车。

（2）据说，自动驾驶汽车________安全，________比人工驾驶更加安全。

（3）2012 年 5 月，谷歌自动驾驶汽车________了美国首个自动驾驶车辆________。

3 听第三遍录音，回答问题。

（1）什么是自动驾驶汽车？

（2）现在自动驾驶汽车可以上路吗？

三、阅读

阅读 A

关键词语

1	围棋	wéiqí	N	go, a board game
2	程序	chéngxù	N	procedure
3	其	qí	Pron	it, its
4	原理	yuánlǐ	N	principle, theory
5	该	gāi	Pron	this, that
6	峰会	fēnghuì	N	summit (meeting)
7	排名	pái míng	VO	to rank

阿尔法围棋

阿尔法围棋（AlphaGo）是一款围棋人工智能程序，其主要工作原理是“深度学习”。

2016 年 3 月，该程序与围棋世界冠军、韩国职业九段棋手李世石进行人机大战，并以 4 比 1 的总比分获胜；2016 年末 2017 年初，该程序在中国棋类网站上以“大师”（Master）为注册帐号与中日韩数十位围棋高手进行快棋对决，连续 60 局无一败绩。2017 年 5 月，在中国乌镇围棋峰会上，阿尔法围棋以 3 比 0 的总比分战胜排名世界第一的围棋冠军柯洁。此后，阿尔法围棋团队宣布阿尔法围棋将不再参加围棋比赛。

许多人认为，阿尔法围棋象征着计算机技术已进入人工智能的新时代。

1 快速读完上面的短文，根据短文内容选择正确答案。

（1）阿尔法围棋是________。

A. 一种围棋下法　B. 一次围棋比赛　C. 一个围棋程序

（2）2016～2017 年，阿尔法围棋在比赛中________。

A. 保持全胜　B. 只输过一次　C. 无一败绩

（3）今后，阿尔法围棋将________。

A. 被禁止参赛　B. 主动放弃参赛　C. 只参加快棋对决

2 再读一遍短文，根据短文内容填空。

（1）阿尔法围棋（AlphaGo）是一款围棋人工智能________，________主要工作原理是“深度学习”。

（2）2016 年 3 月，________程序与围棋世界冠军、韩国职业九段棋手李世石________人机大战，并________4 比 1 的总比分获胜。

（3）阿尔法围棋________计算机技术已________人工智能的新________。

3 根据短文内容，用括号中的词语或格式回答问题。

（1）2016 年，该程序与围棋世界冠军李世石进行人机大战的结果如何？（以）

（2）阿尔法围棋的成功象征着什么？（进入……时代）

阅读 B

关键词语

1	诗	shī	N	poem

2	开发	kāifā	V	to develop, to open up
3	创作	chuàngzuò	V	to create (a literary or art work)
4	分辨	fēnbiàn	V	to distinguish
5	超越	chāoyuè	V	to surpass, to go beyond
6	领域	lǐngyù	N	area, field
7	仿真	fǎngzhēn	A	artificial

会写诗的机器人

清华大学的一个科研团队研制成功了一个会写诗的机器人“九歌”。据介绍，“九歌”是采用语义分析与深度学习技术开发的。在“熟读”了大量古诗后，“九歌”可以根据规定的题目在几秒钟之内创作出一首“古诗”。

不过，“九歌”创作的诗，有好有坏。把“九歌”创作的诗跟人类创作的诗放在一起，大部分还是很容易分辨出来的。总的来看，“九歌”创作古诗的水平还是未能超越人类诗人。

目前，人工智能已经开始进入文学艺术领域。不过，从目前人工智能所写的诗歌、所画的画作来看，人工智能虽然已经能从事一些“艺术活动”，但和真正的“创作”还有一定距离。如果说，人类的文学艺术是田野里的鲜花，那么，人工智能的“创作”，只是仿真的塑料花。这不奇怪，毕竟，文学艺术本来就是人类所独有的活动。

1 快速读完上面的短文，根据短文内容选择正确答案。

(1)“九歌”是一个________。

A. 会写古诗的人　　B. 会写古诗的机器　　C. 会朗读古诗的机器

(2)“九歌”创作的古诗________。

A. 没一篇像样的　　B. 质量不一　　C. 比人写得还好

(3) 作者对人工智能从事文学艺术活动的前景________。

A. 非常乐观　　B. 并不看好　　C. 感到担忧

2 再读一遍短文，根据短文内容填空。

（1）在“熟读”了大量古诗后，“九歌”可以根据规定的题目________几秒钟________创作出一首“古诗”。

（2）把“九歌”创作的诗跟人类创作的诗________，大部分还是很容易________出来的。

（3）________，人类的文学艺术是田野里的鲜花，________，人工智能的“创作”，只是仿真的塑料花。

（4）这不奇怪，________，文学艺术本来就是人类所独有的活动。

3 根据短文内容，用括号中的词语或格式回答问题。

（1）“九歌”创作古诗的水平怎么样？（有……有…… 总的来看）

（2）为什么说“人工智能的‘创作’，只是仿真的塑料花”？（毕竟）

四、表达活动

1. 3～5人一组，交流一下：人工智能给我们的生活带来了哪些变化？

（1）先把你的看法写在一张纸上，你可以选用下面括号中的词语。

（时代 神奇 自动 安全 舒适 方便 代替 甚至）

（2）口头交流各自的看法。

2. 谈谈你对人工智能的看法。先分组交流，然后每个小组派一个代表向全班汇报小组的交流情况。

五、拓展练习

听力 04-3

关键词语

1	取代	qǔdài	V	to take the place of
2	数	shù	Nu	several
3	职位	zhíwèi	N	position

4	畅销	chàngxiāo	V	(to be) best-selling
5	何	hé	Pron	what
6	叙述	xùshù	V	to narrate
7	意味着	yìwèizhe	V	to mean
8	融为一体	róngwéi yìtǐ		to integrate with one another

1 听第一遍录音，选择正确答案。

（1）再过几年，自动翻译将________。

A. 达到人工翻译水平

B. 接近人工翻译水平

C. 超过人工翻译水平

（2）在未来 50 年内，________。

A. 电子书将成为最为畅销的图书

B. 人工智能将成为畅销书的主题

C. 机器人将能写出各式各类文章

（3）到 2136 年，人类将________。

A. 什么工作都不用做

B. 只做创造性的工作

C. 只做一小部分工作

2 听第二遍录音，填空。

（1）未来 50 年________，机器人将取代________百万个人类工作职位，________货车司机________畅销书作家。

（2）352 位人工智能研究________参加了________调查，对机器人________将取代各种人类工作这个问题发表了他们的意见。

（3）________那些更复杂和更具创造性的任务，________写论文和进行高等数学运算，________需要更长时间。

3 听第三遍录音，用括号中的词语或格式回答问题。

（1）机器人何时将取代各种人类工作？（将）

（2）如果机器人取代了所有人类职位，这意味着什么？（意味着）

阅读

关键词语

1	研讨会	yántǎohuì		seminar
2	模拟	mónǐ	V	to simulate
3	扩展	kuòzhǎn	V	to expand
4	定义	dìngyì	N&V	definition; to define
5	涉及	shèjí	V	to involve
6	意识	yìshí	N	consciousness
7	思维	sīwéi	N	thinking
8	则	zé	Conj	then, while

什么是“人工智能”？

“人工智能”一词最初是在1956年一次国际学术研讨会上提出的。它是研究、开发用于模拟、扩展人的智能的理论及应用系统的一门新的技术科学。

人工智能的定义可以分为两部分，即“人工”和“智能”。“人工”比较好理解，至于什么是“智能”，问题就复杂了，这涉及意识、自我、思维等问题。我们对自身智能的理解都非常有限，对于“人工”制造的“智能”，就更难定义了。

人工智能可分为强人工智能和弱人工智能。

强人工智能的观点认为，我们有可能制造出真正具有分析和创造能力的智能机器，并且，这样的机器是有知觉的，有自我意识的。

弱人工智能的观点则认为，我们不可能制造出真正具有分析和创造能力的智能机器，这些机器只不过看起来像是智能的，但是并没有真正拥有智能，也不会有自我意识。

1 快速读完上面的短文，根据短文内容选择正确答案。

（1）关于什么是“智能”，________。

A. 我们只有模糊的定义

B. 我们已经达成共识

C. 是一个基本常识

（2）“人工智能”是________。

A. 一套理论体系　　B. 一种应用系统　　C. 一门技术科学

（3）________人工智能的目标是制造出具有自我意识的机器。

A. 强　　B. 弱　　C. 所有

2 再读一遍短文，根据短文内容填空。

（1）“人工智能”一词________是在1956年一次国际学术研讨会上提出的。它是研究、开发________模拟、扩展人的智能的理论及应用________的一门新的技术科学。

（2）人工智能的定义可以________两部分，________“人工”和“智能”。

（3）“人工”比较好理解，________什么是“智能”，问题就复杂了，这________意识、自我、思维________。

3 根据短文内容，用括号中的词语或格式回答问题。

（1）给“人工智能”下定义难在哪里？（分为　至于）

（2）强人工智能和弱人工智能的基本观点分别是什么？（……，……则……）

语言实践

查阅资料，交流一下目前人工智能的最新发展成果。

六、聚宝盆（写下这一课新学会的词语和句子）

____

____

第五课 鞭炮和年味

一、热身

1. 看图，选词填空。

放鞭炮　　放爆竹　　放烟花

（1）__________　　（2）__________　　（3）__________

2. 中国有春节期间燃放烟花爆竹的习俗，你怎么看这个习俗？

二、听力

听力 A　05-1

关键词语

1	鞭炮	biānpào	N	firecracker(s)
2	兴高采烈	xìnggāo-cǎiliè		excited and happy
3	烟花	yānhuā	N	firework(s)
4	爆竹	bàozhú	N	firecracker(s)
5	爹	diē	N	(*colloquial*) dad, father
6	盼	pàn	V	to look forward to
7	民俗	mínsú	N	folk custom

1 听第一遍录音，判断正误。

（1）（　　）年三十晚上放鞭炮这种习俗，他认为已经过时了。

（2）（　　）现在最喜欢放鞭炮的，只有小孩子。

（3）（　　）很多人现在喜欢在手机上看春晚。

（4）（　　）他的父亲现在也不喜欢放鞭炮了。

2 听第二遍录音，填空。

（1）兴高采烈地去放烟花爆竹________，________大多是父辈。

（2）我________不太喜欢放鞭炮。时代变了，娱乐的________、人与人之间的________都________变了。

（3）传统、民俗________，其实也没________不好，只是和坐花轿、划龙舟一样，过时了，不________这个时代了。

3 听第三遍录音，回答问题。

（1）他觉得这两年春节发生了什么变化？

（2）他对这种变化的态度是什么？

听力 B 05-2

关键词语

1	除夕	chúxī	N	Chinese New Year's Eve
2	无比	wúbǐ	V	(to be) incomparable
3	背叛	bèipàn	V	to betray

1 听第一遍录音，判断正误。

（1）（　　）他不同意完全禁放鞭炮。

（2）（　　）他觉得有了鞭炮声就让人觉得热闹。

（3）（　　）他觉得放点儿鞭炮不可能污染环境。

2 听第二遍录音，填空。

（1）年味________就一年比一年淡了，现在________鞭炮声________没有了，那________过________年啊？

（2）一些传统习俗________最终都会消失，但我觉得不应该________去杀死它们，我们不应该那么________地去背叛自己的童年。

3 听第三遍录音，回答问题。

（1）他对禁放鞭炮是什么态度？

（2）在他看来，鞭炮声对于过年有什么特殊的意义？

三、阅读

阅读 A

关键词语

1	公安局	gōng'ānjú		Public Security Bureau, police station
2	通告	tōnggào	N &V	notice; to notify
3	条例	tiáolì	N	regulation
4	如下	rúxià	V	as follows
5	经营	jīngyíng	V	to manage, to operate
6	焰火	yànhuǒ	N	firework(s)
7	依照	yīzhào	Prep	according to
8	予以	yǔyǐ	V	to give
9	处罚	chǔfá	V	to punish, to penalize

江东市公安局关于本市烟花爆竹安全管理的通告

根据《江东市烟花爆竹安全管理条例》，现通告如下：

一、自2017年1月1日至2月28日，禁止在本市市区所有区域燃放烟花爆竹。

二、在禁止燃放烟花爆竹的区域内，任何单位和个人不得经营、储存、运输烟花爆竹。

三、在禁止燃放烟花爆竹的区域内，任何单位和个人不得举办焰火晚会以及其他大型焰火燃放活动。

四、对非法生产、经营、燃放烟花爆竹的单位和个人，公安机关将依照法律、法规予以处罚。

五、市民如发现任何非法生产、经营、燃放烟花爆竹的行为，可拨打电话：12345。

特此通告。

江东市公安局

2016 年 12 月 22 日

1 快速读完上面的短文，根据短文内容选择正确答案。

（1）《通告》中没有说到对________烟花爆竹的处罚。

A. 销售　　B. 购买　　C. 燃放

（2）禁放烟花爆竹的范围是________。

A. 市区　　B. 郊区　　C. 全市

（3）“12345”是________的电话。

A. 市政府　　B. 公安局　　C. 消防队

2 再读一遍短文，根据短文内容填空。

（1）根据《江东市烟花爆竹安全管理条例》，________通告________……

（2）在禁止燃放烟花爆竹的区域内，任何单位和个人________举办焰火晚会________其他大型焰火燃放活动。

（3）对非法生产、经营、燃放烟花爆竹的单位和个人，公安机关将________法律、法规________处罚。

（4）市民________发现任何非法生产、经营、燃放烟花爆竹的行为，________拨打电话：12345。

3 根据短文内容，用括号中的词语或格式回答问题。

（1）禁止燃放烟花爆竹的区域有哪些？（所有）

（2）对非法生产、经营、燃放烟花爆竹的单位和个人，公安机关将会怎么样？（予以）

阅读B

关键词语

1	噪声	zàoshēng	N	noise
2	甭	béng	Adv	don't
3	密集	mìjí	A	dense
4	危害	wēihài	V	to endanger, to hurt, to harm
5	简直	jiǎnzhí	Adv	almost, virtually
6	兼容	jiānróng	V	to be compatible

该不该禁止呢？

（是否应该禁止燃放烟花爆竹这个问题，在网上引起了热烈讨论，网友们纷纷留言。）

北京人　　2017-01-02　　10:25:00

作为北京人，我认为应该禁放。且不说空气污染的问题，噪声污染也很严重。

爱热闹　　2017-01-02　　22:25:00

过年最喜欢干的事就是放鞭炮！不让放，那就甭过年了！

G1123　　2017-01-02　　22:35:00

我反对在人口密集的地方放烟花爆竹，但是在人口不密集的地方放鞭炮，危害不是太大，传统习俗嘛，还是要照顾一下。

乡下人　　2017-01-02　　22:45:00

在乡下过年的时候还好，人少，地方大，没这么严重。城里不一样，人多，你放完我接着放，简直没完没了。

新日　　2017-01-02　　22:50:00

时代在发展，放鞭炮是工业化、城市化之前的习俗，它和现在极高的人口密度已经不能兼容了。

愚人　　2017-01-02　　22:55:00

坚决支持！鞭炮造成的噪声污染、环境污染和安全问题是如此明显！

1 快速读完上面的短文，根据短文内容选择正确答案。

（1）关于禁止燃放烟花爆竹，网民们________。

A. 都表示支持　　B. 都表示反对　　C. 有不同意见

（2）在留言中，有的人主张在________可以允许燃放烟花爆竹。

A. 大城市　　B. 人少的地方　　C. 公园里

（3）网友赞成禁放的理由主要是，燃放烟花爆竹会造成________。

A. 污染问题　　B. 交通问题　　C. 管理问题

2 再读一遍短文，根据短文内容填空。

（1）在乡下过年的时候还好，人少，地方大，没这么严重。城里不一样，人多，________放完________接着放，________没完没了。

（2）放鞭炮是________、________之前的习俗，它和现在极高的人口密度已经不能兼容了。

（3）________支持！鞭炮造成的噪声污染、环境污染和安全问题是________明显！

3 根据短文内容，用括号中的词语或格式回答问题。

（1）关于禁止燃放烟花爆竹，网友们主要有哪两种不同的观点？（支持　反对）

（2）网友们支持和反对的理由分别是什么？（传统　适应　造成）

四、表达活动

1. 3～5人一组，交流一下对于燃放烟花爆竹的看法。

先把你的看法写在一张纸上，你可以选用下面括号中的词语。

（燃放　传统　习俗　理解　照顾　时代　适应　污染　问题　禁止　虽然　确实　但是　其实　因此）

2. 你觉得我们应该怎样看待传统习俗？先分组讨论，然后每个小组派一个代表向全班汇报小组的讨论情况。

五、拓展练习

听力 05-3

关键词语

1	借鉴	jièjiàn	V	to use as a reference
2	清理	qīnglǐ	V	to clean
3	小区	xiǎoqū	N	residential district
4	街道	jiēdào	N	street, neighborhood, district
5	固定	gùdìng	V	(to be) fixed

1 听第一遍录音，选择正确答案。

（1）他认为，对于燃放烟花爆竹，应该________。

A. 一律禁止　　B. 尊重习俗　　C. 统一管理

（2）在日本，烟花都是由政府________。

A. 统一出钱购买　　B. 组织燃放表演　　C. 规定燃放地点

（3）他认为，________可以组织大家集中燃放烟花。

A. 小区或街道　　B. 各类学校　　C. 公安局

2 听第二遍录音，填空。

（1）我觉得烟花爆竹________不能随便燃放，________可以________政府________组织。

（2）其实咱们也完全可以________这种做法。小区或者街道可以________大家在一个固定的时间和地点燃放烟花。

（3）这样________有过年的味道，________可以减少噪声污染和环境污染，________更加安全。

3 听第三遍录音，用括号中的词语或格式回答问题。

（1）关于燃放烟花爆竹的管理，国外的经验是什么？（由　统一）

（2）他认为可以如何借鉴国外的经验？（组织　比如）

阅读

关键词语

1	外观	wàiguān	N	appearance
2	相似	xiāngsì	A	similar
3	安装	ānzhuāng	V	to install
4	电池	diànchí	N	battery
5	消费	xiāofèi	V	to consume
6	保管	bǎoguǎn	V	to take care of, to store and manage
7	代替	dàitì	V	to replace

电子鞭炮

最近几年，许多城市开始禁止燃放鞭炮。可是，不放鞭炮总让人觉得少了点儿"年味"。为了解决这个问题，有商家推出了"电子鞭炮"。这种电子鞭炮外观跟传统鞭炮相似，安装上电池后就能"燃放"，发出跟传统鞭炮相似的声音。据说，这种电子鞭炮很受消费者欢迎。"电子鞭炮简单，方便，安全，老人和小孩儿都可以使用。如果保管得好的话，可以使用几年。"商店老板介绍说。

"使用绿色无污染的电子鞭炮代替传统鞭炮，也是爱护环境的一种表现。"一位顾客说。

不过，也有很多人不喜欢电子鞭炮。"这鬼东西和真鞭炮差得远了，给人的感觉完全不一样。"一位顾客说。

1 快速读完上面的短文，根据短文内容选择正确答案。

（1）从短文可以知道，电子鞭炮同样会造成________。

A. 空气污染　　B. 声音污染　　C. 安全问题

（2）从短文可以知道，电子鞭炮________。

A. 只能用一次　　B. 可以多次使用　　C. 可以永久使用

（3）一些人不喜欢电子鞭炮的原因是________。

A. 没有放鞭炮的感觉　　B. 要用电池　　C. 太吵

2 再读一遍短文，根据短文内容填空。

（1）为了解决这个问题，有商家________了"电子鞭炮"。

（2）这种电子鞭炮外观________传统鞭炮________，安装上电池后就能"燃放"，发出跟传统鞭炮相似的声音。据说，这种电子鞭炮很________消费者________。

（3）这________和真鞭炮________了，给人的感觉完全不一样。

3 根据短文内容，用括号中的词语或格式回答问题。

（1）什么是"电子鞭炮"？（外观　声音　跟……相似）

（2）消费者对"电子鞭炮"的反应是什么？（有的人　有的人）

语言实践

查阅资料，了解一下：

（1）按照传统习俗，中国人一般在哪些时候会放鞭炮？

（2）放鞭炮这个习俗是怎么形成的？

六、聚宝盆（写下这一课新学会的词语和句子）

第六课 我爱足球

一、热身

1. 你喜欢什么运动？

2. 你觉得中国人一般擅长什么运动？

3. 你爱看足球比赛吗？

二、听力

听力A 06-1

关键词语

1	此话怎讲	cǐ huà zěn jiǎng		What do you mean by that?
2	勤快	qínkuai	A	diligent
3	赌	dǔ	V	to bet, to gamble
4	爆冷门	bào lěngmén		to have an unexpected result (in a competition)
5	踹	chuài	V	to kick
6	含糊	hánhu	A	vague
7	凌晨	língchén	N	early morning

1 听第一遍录音，判断正误。

（1）（　　）为了看世界杯，男的变勤快了。

（2）（　　）男的对比赛结果的预测差不多都错了。

（3）（　　）男的为了给孩子喂奶，每天凌晨两点准时醒来。

（4）（　　）女的对男的非常生气。

2 听第二遍录音，填空。

（1）据说世界杯________很多人的家庭生活________了________。

（2）感谢世界杯的时间________，跟我的________完全一致。

（3）我看，足球________是你的________儿子！

3 听第三遍录音，回答问题。

（1）为什么说男的变勤快了？

（2）为什么男的半夜也能起来了？

听力 B 06-2

关键词语

1	特色	tèsè	N	feature
2	对决	duìjué	V	showdown
3	传	chuán	V	to pass
4	射	shè	V	to shoot
5	门卫	ménwèi	N	goal keeper
6	前锋	qiánfēng	N	forward, vanguard
7	进攻	jìngōng	V	to attack; offense
8	防守	fángshǒu	V	to defend; defense
9	偏	piān	A	in a wrong direction, astray
10	哨声	shàoshēng	N	whistle (sound)

1 听第一遍录音，判断正误。

（1）（　　）这是一场小学足球比赛。

（2）（　　）在比赛即将结束的时候，女生队射进一球。

（3）（　　）最终男生队以 3:2 获胜。

2 听第二遍录音，填空。

（1）现在是下午4:30，“小小世界杯”足球比赛________进行________。

（2）现在是下半场比赛，男生队________，比分3:1。

（3）5号王晨云把球________给6号张梦晓，张梦晓把球________给3号李娅锋，李娅锋________脚猛________！

（4）比赛还有最后1分钟。男生队________最后的________。

3 听第三遍录音，用括号中的词语或格式回答问题。

（1）这场比赛的最大特色是什么？（对决）

（2）这场比赛的最终结果是什么？（以 赢）

三、阅读

阅读A

关键词语

1	铿锵	kēngqiāng	A	(of sound) strong and sonorous
2	于	yú	Prep	in, at, on
3	入选	rùxuǎn	V	to be selected
4	决赛	juésài	N	final (round)
5	亚军	yàjūn	N	second place (in a sports contest), runner-up
6	拼搏	pīnbó	V	to struggle hard
7	退役	tuì yì	VO	(of a soldier or athlete) to retire

铿锵玫瑰

孙雯，1973年出生于上海。她8岁就开始踢球，12岁进入上海市体校，17岁时入选国家女子足球队。

1996年，在亚特兰大奥运会上，在孙雯和队友的努力下，中国女足进入决赛，最终获得亚军。由于在奥运会上的精彩表现和顽强的拼搏精神，孙雯和她的队友赢得了“铿锵玫瑰”的美誉。

1999年，在第三届女子世界杯足球赛上，孙雯总共打入7球，成为最佳射手，并由于在世界杯上的出色表现被评为最佳球员。

2000年，孙雯和美国老将米歇尔·阿科尔斯（Michelle Akers）被国际足联评为20世纪的“世纪足球小姐”。

2003年，第四届女子世界杯足球赛之后，孙雯宣布退役。

大家都说，孙雯之所以优秀，是因为她用脑子踢球；而她说，只要用心即可。

1 快速读完上面的短文，根据短文内容选择正确答案。

（1）孙雯________。

A. 12岁开始踢球

B. 是一名优秀足球运动员

C. 连续参加了三届世界杯比赛

（2）“铿锵玫瑰”指的是________。

A. 踢足球的女孩子

B. 1996年那支中国女子足球队

C. 在世界杯上获得好成绩的女足队员

（3）被国际足联评为20世纪“世纪足球小姐”的有________。

A. 一名　　B. 两名　　C. 三名

2 再读一遍短文，根据短文内容填空。

（1）孙雯，1973年出生________上海。她8岁就开始踢球，12岁进入上海市体校，17岁时________国家女子足球队。

（2）1996年，________亚特兰大奥运会________，________孙雯和队友的努力________，中国女足进入决赛，最终________亚军。

（3）由于在奥运会上的________表现和________的拼搏精神，孙雯和她的队友________了“铿锵玫瑰”的________。

（4）大家都说，孙雯________优秀，________她用脑子踢球；而她说，________用心________。

3 根据短文内容，用括号中的词语或格式回答问题。

（1）“铿锵玫瑰”这个称号是怎么来的？（由于　赢得）

（2）孙雯觉得怎样才能成为一名优秀的足球运动员？（只要……即可）

阅读 B

关键词语

1	起源	qǐyuán	V&N	to originate; origin
2	狭窄	xiázhǎi	A	narrow
3	魅力	mèilì	N	charm
4	夭折	yāozhé	V	to die young
5	相当	xiāngdāng	Adv	quite
6	普及	pǔjí	V	(to be) popular
7	锦标赛	jǐnbiāosài	N	championship(s)

世界足球发展史

现代足球起源于英国。在中世纪的英国，足球是许多年轻人所喜爱的一项活动。他们在狭窄的街道上踢球，经常将球踢到街边人家的窗户上，于是英国国王不得不下令禁止踢足球。从 12 世纪到 16 世纪，英国国王先后四次发布过“足球禁令”。不过，由于足球运动的特殊魅力，禁令未能使它夭折。

1857 年（一说 1855 年），英国成立了世界上第一个足球俱乐部。1863 年 10 月 26 日，英国成立了第一个足球协会。从此，足球运动开始从英国逐渐传到欧洲其他国家，传到世界各国。到 19 世纪末，足球运动在西欧国家已相当普及。

1900 年第二届奥运会开始，足球被列为正式比赛项目。1904 年，法国、荷兰、比利时、丹麦、西班牙、瑞典和瑞士七个国家的足球协会在法国成立了国际足球联合会。1930 年起，每四年举办一次世界足球锦标赛（又称“世界杯”足球赛）。

1 快速读完上面的短文，根据短文内容选择正确答案。

（1）在中世纪，英国国王________。

A. 经常鼓励大家踢足球

B. 想要禁止人们踢足球

C. 从来不关心足球的事

（2）在中世纪的英国，人们喜欢在________踢球。

A. 球场上　　B. 街道上　　C. 公园里

（3）“国际足联”成立于________。

A.1900 年　　B.1904 年　　C.1857 年

2 再读一遍短文，根据短文内容填空。

（1）现代足球起源________英国。在中世纪的英国，足球是许多年轻人________喜爱的一项活动。

（2）由于足球运动的特殊________，禁令未能________它夭折。

（3）________，足球运动开始从英国逐渐________欧洲其他国家，________世界各国。

（4）到 19 世纪末，足球运动在西欧国家已________普及。

3 根据短文内容，用括号中的词语或格式回答问题。

（1）现代足球起源于哪个国家？（于）

（2）为什么“足球禁令”未能使足球运动夭折？（由于　魅力）

四、表达活动

1. 3～5 人一组，交流一下你对足球运动的看法。

先把你的看法写在一张纸上，你可以选用下面括号中的词语。

（男子　女子　青少年　世界　运动　锻炼　比赛　职业　魅力　拼搏　团队　精神　技术）

2. 你怎么理解下面这句话？

大家都说，孙雯之所以优秀，是因为她用脑子踢球；而她说，只要用心即可。

先分组讨论，然后每个小组派一个代表向全班汇报小组的讨论情况。

五、拓展练习

听力 06-3

关键词语

1	足坛	zútán	N	football circles
2	巨星	jùxīng	N	superstar
3	投资	tóu zī	VO	to invest
4	场地	chǎngdì	N	site, place
5	大致	dàzhì	A&Adv	general; roughly
6	踏实	tāshi	A	(of one's attitude to work or study) down-to-earth
7	针对性	zhēnduìxìng	N	pertinence
8	可行性	kěxíngxìng	N	feasibility

1 听第一遍录音，选择正确答案。

（1）C 罗给中国足球提了________建议。

A. 两点　　B. 三点　　C. 四点

（2）对于青少年足球，中国________。

A. 根本还没开始重视　B. 还不够重视　C. 一直都十分重视

（3）他觉得现在学校里的足球场________。

A. 太少　　B. 太差　　C. 太小

2 听第二遍录音，填空。

（1）我希望有一天，中国会出现________我________，________比我优秀的球员。

（2）C 罗给中国足球的建议________可________三点。

（3）第三点建议很具体，既有________，也有________，值得________我们的________。

3 听第三遍录音，用括号中的词语或格式回答问题。

（1）C 罗建议的主要内容有哪些？（大致　分为）

（2）他是怎么评价 C 罗的建议的？（其实　确实　针对性）

阅读

关键词语

1	搞	gǎo	V	to do, to carry on
2	关键	guānjiàn	N	key, hinge
3	供……参考	gōng···cānkǎo		for somebody's reference
4	有关部门	yǒuguān bùmén		relevant department
5	赞助	zànzhù	V	to sponsor
6	纳入	nàrù	V	to subsume, to bring into
7	高考	gāokǎo	N	college entrance examination

我对中国足球的建议

要把中国足球搞上去，关键在于打好基础。不把青少年足球水平搞上去，中国的足球就没有希望。下面我提几条具体建议，供有关部门参考。

首先，中国的大企业如果真有心发展足球，可以这样进行赞助：给全中国所有的小学每个班级赞助一个足球。让孩子们从小就开始接触足球，培养他们对足球的兴趣。

其次，中国足协应该跟教育部沟通，鼓励学生在放学之后留在学校踢球。留在学校踢球的孩子可以得到学校的奖励，比如说，学校给他们免费提供面包和饮料。

第三，每个中学建立自己的校足球队。学校可以招聘退役的足球运动员当教练，在孩子放学以后开展足球训练。每个城市每年要组织中学足球联赛。

第四，把足球纳入高考加分项目。获得市级中学足球联赛冠亚军的球队，队员的高考成绩可以加 5 ～ 10 分。

一位热爱足球的老球迷

1 快速读完上面的短文，根据短文内容选择正确答案。

（1）提建议的人是一位________。

A. 球迷　　B. 中学老师　　C. 中学生

（2）这位球迷认为，把中国足球水平搞上去的关键在于________。

A. 抓好青少年足球

B. 解决足球经费问题

C. 举办中学足球联赛

（3）这位球迷希望企业赞助________。

A. 大量足球　　B. 训练经费　　C. 比赛奖励

2 再读一遍短文，根据短文内容填空。

（1）要把中国足球________，关键在于________基础。

（2）中国足协应该跟教育部________，鼓励学生在放学之后________学校踢球。

（3）________市级中学足球联赛________的球队，队员的高考成绩可以________5 ～ 10 分。

3 根据短文内容，用括号中的词语或格式回答问题。

（1）为什么提建议的人说“不把青少年足球水平搞上去，中国的足球就没有希望”？（关键　基础）

（2）对于文中的各条建议，你都赞同吗？为什么？（有 / 没道理　针对性　可行性）

语言实践

查阅资料，了解一下：中国的足球水平怎么样？原因可能是什么？

六、聚宝盆（写下这一课新学会的词语和句子）

第七课 本地人和外地人

一、热身

1. 你觉得怎样算是本地人？怎样算是外地人？

2. 猜猜图片里的这个本子是干什么用的。

二、听力

听力 A 07-1

关键词语

1	海归	hǎiguī	N&V	study abroad returnees; to return from abroad
2	看重	kànzhòng	V	to regard…as important
3	在乎	zàihu	V	to care
4	金融	jīnróng	N	finance
5	高薪	gāoxīn	N	high salary
6	美妙	měimiào	A	wonderful

1 听第一遍录音，判断正误。

（1）（　　）张博士和吕先生都倾向于回家乡工作。

（2）（　　）吕先生是南京人。

（3）（　　）张博士在俄罗斯留过学。

（4）（　　）吕先生在英国留过学。

2 听第二遍录音，填空。

（1）就业时，我更________城市________为我提供更多发展机会，我不________就业城市与家乡之间的距离。

（2）________就业机会更多，________能为我的未来发展________更大________，我就愿意去________。

（3）家乡的味道如此________，如果没有这些年在国外生活的________，很难有这样深刻的________。

3 听第三遍录音，回答问题。

（1）张博士选择就业城市的依据是什么？

（2）吕先生决定回国就业的原因是什么？

听力 B 07-2

关键词语

1	专门	zhuānmén	Adv	specially
2	编写	biānxiě	V	to compile
3	加深	jiāshēn	V	to deepen
4	融入	róngrù		to integrate into
5	场景	chǎngjǐng	N	scene

1 听第一遍录音，判断正误。

（1）（　　）这是一个新书的广告。

（2）（　　）她介绍的是一本普通话教材。

（3）（　　）有些人虽然生活在上海，但是不会说上海话。

2 听第二遍录音，填空。

（1）我们这本《学说上海话》是________为“新上海人”编写的。

（2）学一些上海话，能帮助您________对上海社会和民俗文化的了解，________与本地人沟通，更好更快地________上海这个大都市，工作和生活也更加顺利、愉快。

（3）本书________了日常生活和工作中最常见的场景，________情景对话________，内容简单易学。

3 听第三遍录音，回答问题。

（1）对一个“新上海人”来说，学会说上海话有什么好处？

（2）这本教材有什么特色？

三、阅读

阅读 A

关键词语

1	解放	jiěfàng	V	to liberate
2	户口	hùkǒu	N	registered residence
3	贫苦	pínkǔ	A	poor
4	勤奋好学	qínfèn hàoxué		diligent and eager to learn
5	证书	zhèngshū	N	certificate
6	善于	shànyú	V	to be good at
7	承接	chéngjiē	V	to accept, to undertake
8	荣誉	róngyù	N	honor

从农民工到技术专家

1978 年改革开放以后，农民从土地上解放出来，开始大量涌入城市，成为城市里的“农民工”。唐顺亮当时就是这千千万万个农民工当中的一个。当然，唐顺亮现在已经不再是农民工了，因为他已经有了城市户口。

唐顺亮出生在一个贫苦的农民家庭，1986 年他来到滨江市建工设备安装公司时才满 17 岁。别看唐顺亮才高中毕业，凭着一股勤奋好学的精神和丰富的实践操作经验，两年后他就顺利获得了高级管道工的职业资格证书。而且，他善于开动脑筋，进行技术创新，逐渐成为滨江市管道安装的一位技术专家。20 多年来，唐顺亮独立负责了许多大中型项目的管道安装工作。他的团队承接的工程，获得过“鲁班奖”“省优秀质量奖”等奖杯。2004 年，唐顺亮获得了“滨江市首席工人”荣誉称号。

1 快速读完上面的短文，根据短文内容选择正确答案。

（1）唐顺亮是一位________。

A. 农民　　B. 大学生　　C. 技术专家

（2）唐顺亮进公司工作的时候才________。

A. 17 岁　　B. 18 岁　　C. 19 岁

（3）20 多年来，唐顺亮独立负责了许多________。

A. 工程设计工作　　B. 大中型建筑项目　　C. 管道安装工作

2 再读一遍短文，根据短文内容填空。

（1）1978 年改革开放以后，农民从土地上________出来，开始大量________城市，成为城市里的“农民工”。唐顺亮当时就是这________个农民工当中的一个。

（2）凭着一________勤奋好学的________和丰富的实践操作经验，两年后他就顺利获得了高级管道工的职业资格________。

（3）而且，他________开动脑筋，________技术创新，逐渐成为滨江市管道安装的一位技术专家。

3 根据短文内容，用括号中的词语或格式回答问题。

（1）唐顺亮获得过哪些荣誉？（奖杯　称号）

（2）唐顺亮是怎样成为一名技术专家的？（勤奋好学　开动脑筋）

阅读 B

关键词语

1	挑战	tiǎozhàn/tiǎo zhàn	N&VO	challenge; to challenge
2	排行榜	páihángbǎng	N	ranking list
3	差距	chājù	N	gap
4	占比	zhànbǐ	N	percentage
5	比例	bǐlì	N	proportion
6	居多	jūduō	V	to be in the majority
7	产业	chǎnyè	N	industry
8	就业	jiù yè	VO	(to obtain) employment

哪个城市外来人口最多?

这些年来，城市的外来人口在不断增长，各类外来人员为城市的发展做出了重要贡献。当然，外来人口的增长也对城市管理提出了新挑战。

根据中国城市外来人口排行榜，北上广深四个城市中，上海的外来常住人口最多，达到980.2万；北京外来常住人口达到807.5万，位居第二；位居第三的是深圳，为806.32万；广州的外来常住人口最少，只有533.86万，跟其他三个城市相比有较大的差距。

从外来常住人口的占比来看，这四个城市中，深圳的占比最高，达到了67.7%，上海40.51%，广州38.01%，北京37.3%。深圳高出其他三个城市约30个百分点。

不仅深圳，整个广东省都是以外来人口为主。例如，东莞有600多万外来人口，占总人口的比例达到了75.67%，超过了深圳；佛山达到了47.65%；广州是岭南中心，以广东本地人居多，但广州外来人口所占比例也达到了38.01%。近两年来，广州大力发展新一代信息技术、人工智能、生物科技产业，拉动了一批外来人口的就业。

1 快速读完上面的短文，根据短文内容选择正确答案。

（1）在短文提到的城市中，外来常住人口最多的是________。

A. 北京　　B. 上海　　C. 广州

（2）在短文提到的城市中，外来常住人口占总人口比例最高的是________。

A. 深圳　　B. 东莞　　C. 佛山

（3）从短文可以知道，当时上海的总人口是________。

A. 2100 多万　　B. 2400 多万　　C. 2600 多万

2 再读一遍短文，根据短文内容填空。

（1）北京外来常住人口________807.5 万，________第二；位居第三的是深圳，________806.32 万。

（2）________外来常住人口的占比________，这四个城市中，深圳的占比最高，达到了 67.7%，……高出其他三个城市约 30 个________。

（3）近两年来，广州________新一代信息技术、人工智能、生物科技________，________了一批外来人口的就业。

3 根据短文内容，用括号中的词语或格式回答问题。

（1）列出外来常住人口数量位居前三的城市。（位居）

（2）列出外来人口占比达到 50% 以上的城市。（占比）

四、表达活动

1. 3 ～ 5 人一组，交流一下你对于"外地人"的看法。

先把你的看法写在一张纸上，你可以选用下面括号中的词语。

（学习　打工　就业　贡献　发展　户口　语言　习惯　融入）

2. 你觉得是否有必要控制城市外来常住人口的增长？先分组讨论，然后每个小组派一个代表向全班汇报小组的讨论情况。

五、拓展练习

听力 07-3

关键词语

1	顾名思义	gùmíng-sīyì		as the name suggests
2	运输	yùnshū	V	to transport; transportation
3	城际	chéngjì	A	intercity
4	放宽	fàngkuān	V	to relax (restrictions or requirements)
5	独特	dútè	A	unique
6	人次	réncì	M	sum total of people counted by the times they do something
7	团聚	tuánjù	V	to reunite, to come or join together

1 听第一遍录音，选择正确答案。

（1）“春运”现象的特点是________。

A. 春节前后人员流动规模特别大

B. 春节前后物资运输规模特别大

C. 春节前后铁路工作人员特别闲

（2）我们可以知道，春节期间平均每个中国人________。

A. 外出旅行一次以上

B. 至少要去两个地方

C. 大约要坐两趟火车

（3）春节之前的半个月，最主要的旅客是________。

A. 回老家的人　　B. 外出旅游的人　　C. 忙于春运的人

2 听第二遍录音，用括号中的词语或格式回答问题。

（1）“春运”是什么意思？（顾名思义）

（2）“春运”现象出现的原因是什么？（无论……都……）

阅读

关键词语

1	户口本儿	hùkǒuběnr	N	household register
2	身份证	shēnfènzhèng	N	identity card
3	地道	dìdao	A	pure, authentic
4	正宗	zhèngzōng	A	authentic, genuine
5	胡同	hútong	N	lane, alley
6	祖先	zǔxiān	N	ancestor

老北京人

算不算本地人，有两种标准，一种是看户口本儿或者身份证，看他有没有本地户口；一种是听口音，看他的本地话说得地道不地道。两种标准得出的结论不一样。拿北京人来说，可以分为“新北京人”和“老北京人”。现在住在北京，有北京户口本儿、身份证、房产证的，很多其实不是“北京人”，或者说，是“新北京人”。那么，怎么才能知道一个北京人是不是“正宗”的北京人呢？看他能不能说一口地道的北京话，这似乎是一个判断标准。

可是，要深究起来，北京话就一定是“北京的话”吗？其实也不一定。据专家研究，北京话里常说的“胡同”，其实来自蒙古语，原本是“水井”的意思。再比如，北京有很多“海”：中南海、北海、什刹海……这些“海”都不是真的海，而是湖。这个“海”也来自蒙古语。

如此说来，能说一口地道北京话的“老北京人”，他们的祖先就一定是北京本地人吗？

1 快速读完上面的短文，根据短文内容选择正确答案。

（1）从短文可以知道，现在________说一口地道的北京话。

A. 有些北京人不能

B. 所有北京人都能

C. 几乎没有北京人能

（2）________的“胡同”是“水井”的意思。

A. 蒙古语　　B. 老北京话　　C. 北京话

（3）在北京有很多________。

A. 海　　B. 像海一样的地方　　C. 叫作“海”的地方

2　再读一遍短文，根据短文内容填空。

（1）现在住在北京，有北京户口本儿、身份证、房产证的，很多________不是“北京人”，________，是“新北京人”。

（2）________专家研究，北京话里常说的“胡同”，其实________蒙古语，________是“水井”的意思。

（3）________，能说一________地道北京话的“老北京人”，他们的祖先________一定是北京本地人吗？

3　根据短文内容，用括号中的词语或格式回答问题。

（1）对于根据一个人能否说一口地道的北京话来判断他是不是一个“正宗”的北京人的观点，作者是否赞同？（其实　并）

（2）举例说明北京话中保留的蒙古语词语。（比如说）

语言实践

查阅资料，了解一下：这几年，中国大城市的外来常住人口在增加还是减少？中国的户口政策是怎样的？

六、聚宝盆（写下这一课新学会的词语和句子）

第八课 崇明岛的未来

一、热身

1. 你听说过崇明岛吗？请在中国地图上查一下崇明岛的位置。

2. 崇明岛属于哪个市？

二、听力

听力 A 08-1

关键词语

1	落后	luò hòu	A&VO	backward; to fall behind
2	人均	rénjūn	V	per capita
3	居住	jūzhù	V	to live (in)
4	寿命	shòumìng	N	lifespan
5	绿化率	lǜhuàlǜ		greening rate
6	指标	zhǐbiāo	N	index
7	梦幻	mènghuàn	N	dreamlike, incredible

1 听第一遍录音，判断正误。

（1）（　　）他对崇明的经济发展很不满意。

（2）（　　）他觉得崇明的房价太高了。

（3）（　　）崇明的绿化率可能是全上海最高的。

（4）（　　）他觉得崇明很快就会被建成“国际生态岛”。

2 听第二遍录音，填空。

（1）________上海市区最近20年的飞速发展，崇明几乎还在农业社会原地踏步。

（2）________崇明的种田人和打渔人________，浦东太遥远，“国际生态岛”太梦幻。

（3）我们崇明人等发展，等得________！

3 听第三遍录音，回答问题。

（1）他对崇明的现状满意吗？为什么？

（2）在哪些指标上，崇明在全上海是名列前茅的？

听力B 08-2

关键词语

1	规划	guīhuà	N&V	plan; to plan
2	生态	shēngtài	N	ecology
3	休闲	xiūxián	V	to have a leisure life
4	度假	dùjià	V	to go vacationing
5	意识到	yìshí dào		to come to realize
6	老百姓	lǎobǎixìng	N	common people, ordinary people
7	迫切	pòqiè	A	urgent

1 听第一遍录音，判断正误。

（1）（　　）崇明有非常好的生态资源。

（2）（　　）政府目前最重要的工作应该是开发崇明。

（3）（　　）保护环境和发展经济是可以兼顾的。

2 听第二遍录音，填空。

（1）________政府的最新规划，到 2035 年，要________崇明________世界级生态岛。

（2）崇明一直________“上海的后花园”，________是休闲度假的好地方。

（3）我们完全________当地老百姓发展经济、改善生活的迫切愿望。

（4）________，要保护好生态环境，坚决不搞大开发，要让大家明白“绿水青山就是金山银山”；________，要大力改善交通条件，发展经济，提高老百姓的生活水平。

3 听第三遍录音，回答问题。

（1）为什么说“绿水青山就是金山银山”？

（2）按照政府规划，崇明未来的建设目标是什么？

三、阅读

阅读 A

关键词语

1	风水宝地	fēngshuǐ bǎodì		getaway paradise
2	净土	jìngtǔ	N	pure land
3	冲积	chōngjī	V	(to be) alluvial
4	水库	shuǐkù	N	reservoir
5	相当于	xiāngdāng yú		to be equivalent to
6	过境	guò jìng	VO	to transit, to pass through the territory of a country or an area
7	越冬	yuèdōng	V	to go through winter

崇明岛——一块风水宝地

崇明岛，是中国第三大岛，是上海人眼中的风水宝地。有人说，这是上海城市发展的最后一块净土，有人把它比作“上海的后花园”。上海市政府决心要把它建设成为世界级生态岛。

崇明岛有1300多年的历史，现有面积约1269平方公里，是世界最大的河口冲积岛，目前还在以每年5平方公里的速度增长着。

崇明有华东地区最大的人工森林——总面积为5400亩的东平森林公园，也是国家4A级的旅游景点。

崇明南侧有中国最大的江心水库——青草沙水库，水面近70平方公里，相当于10个杭州西湖。上海将近一半的用水都来自青草沙水库。

崇明还有东亚最大的候鸟保护区之一——东滩湿地，面积326平方公里。每年在崇明东滩过境或越冬的水鸟总量超过百万只。

1 快速读完上面的短文，根据短文内容选择正确答案。

（1）崇明岛的面积________。

A. 没有以前大了　　B. 一直都这么大　　C. 一年比一年大

（2）东平森林公园是________。

A. 一个原始森林　　B. 一个旅游景区　　C. 华东地区最大的公园

（3）青草沙水库________。

A. 是上海重要的水源　　B. 比西湖更漂亮　　C. 在崇明岛的中心

（4）东滩湿地是东亚最大的________保护区之一。

A. 候鸟　　B. 鱼类　　C. 野生动物

2 再读一遍短文，根据短文内容填空。

（1）崇明岛，是中国第三大岛，是上海人眼中的________。

（2）崇明岛目前还在________每年5平方公里的________增长着。

（3）青草沙水库，水面近70平方公里，________10个杭州西湖。

（4）每年在崇明东滩________或________的水鸟总量超过百万只。

3 根据短文内容，用括号中的词语或格式回答问题。

（1）崇明岛是怎么形成的？（冲积）

（2）为什么说崇明岛是上海的风水宝地？（有……，有……，还有……）

阅读B

关键词语

1	嫁	jià	V	(of a woman) to marry
2	积蓄	jīxù	N	savings
3	模式	móshì	N	model, pattern
4	农家乐	nóngjiālè	N	a kind of rural tourism
5	原貌	yuánmào	N	original appearance
6	引进	yǐnjìn	V	to bring in

崇明的未来

——网友们的心声

上闻　　2016-05-24　　12：29：00

我老家是中部城市，生活水平比这里高得多！嫁到这里将近一年了，不明白为什么离上海这么近就是不发展呢？

我不再潜水　　2016-05-24　　12：31：00

崇明人都是希望发展的，希望能像上海的其他郊区一样发展，这样，他们就不用花一辈子的积蓄来上海买一套房了。

本地人　　2016-05-25　　09：03：00

开发有不同的模式，就算是农家乐，也是一种开发。但谁愿意来交通不便的落后地区的农家乐？

gjs123　　2016-05-25　　10：51：00

保持原貌为好！开发了不一定就是好事！

思考者　　2016-05-25　　11:41:00

交通不便，怎么发展？

秋风　　2016-05-25　　11:43:00

我家就在崇明，没觉得不方便啊，周末开车一个小时就可以到浦东陆家嘴了。开发的话就是造很多高楼，再引进几百万外来人口，不是人人都喜欢这样吧？

shidale　　2016-05-25　　13:50:00

崇明就这样不是很好吗？安安静静地生活。

LLD　　2016-05-26　　10:45:00

应该把迪士尼建在崇明，再通上几条地铁。可能是时候还没到，崇明人不必着急，崇明地铁通车那天就是崇明的春天到来之时。

1　快速读完上面的短文，根据短文内容选择正确答案。

（1）从网上留言可以看出，大家对于如何发展崇明________。

A. 意见很一致　　B. 意见基本一致　　C. 意见很不一致

（2）从崇明开车到浦东大概需要________。

A. 一个小时　　B. 两个小时　　C. 三个小时

（3）崇明的生活水平________。

A. 这几年提高得很快

B. 不如一些中部城市

C. 跟上海其他地区差不多

2　再读一遍短文，根据短文内容填空。

（1）开发有不同的模式，________是农家乐，________是一种开发。

（2）保持原貌________！开发了不一定就是好事！

（3）崇明人不必着急，崇明地铁通车那天就是崇明的春天到来________。

3　根据短文内容，用括号中的词语或格式回答问题。

（1）从网上留言来看，关于崇明未来的发展，有哪些不同观点？（主张）

（2）网上留言中，表示不满的意见集中在哪些方面？（主要　方面）

四、表达活动

1. 在崇明岛的发展问题上，存在着哪两种不同的观点？

（1）先把你的看法写在一张纸上，你可以选用下面括号中的词语。

（生态 环境 生活 经济 交通 保护 开发 发展 改善 提高）

（2）口头交流各自的看法。

2. 假如你是上海市市长，你觉得应该如何规划崇明的未来？先分组讨论，然后每个小组派一个代表向全班汇报小组的讨论情况。

五、拓展练习

听力 08-3

关键词语

1	迁徙	qiānxǐ	V	to move, to migrate
2	补充	bǔchōng	V	to replenish, to supplement
3	能量	néngliàng	N	energy
4	繁殖	fánzhí	V	to reproduce new individuals from generation to generation, to breed
5	加油站	jiāyóuzhàn		gas station
6	目的地	mùdìdì		destination

1 听第一遍录音，判断正误。

（1）（　　）崇明东滩吸引了多种鸟类来此生活。

（2）（　　）崇明东滩是鸟类飞行途中的重要加油站。

（3）（　　）大滨鹬这种鸟可以连续飞行 5 天 5 夜。

（4）（　　）大滨鹬的繁殖地在澳大利亚。

2 听第二遍录音，填空。

（1）崇明东滩，是我们国家，或者说是整个亚太地区，候鸟迁徙的一个非常________的驿站。

（2）________5000 公里的长距离飞行过程________，它们的体重会减少一半。

（3）它们________需要崇明东滩这样一处栖息地，来为它们提供休息的地方，补充能量。

（4）如果没有这样一个加油站的话，这些鸟类就可能没法儿完成它们的迁徙活动，就飞不到________。

3 听第三遍录音，用括号中的词语或格式回答问题。

（1）崇明东滩对于鸟类的意义是什么？（为……提供……）

（2）以大滨鹬为例，说明崇明东滩的重要作用。（比如说 像）

阅读

关键词语

1	工程	gōngchéng	N	project, engineering
2	项目	xiàngmù	N	project
3	隧道	suìdào	N	tunnel
4	加速	jiāsù	V	to accelerate
5	一体化	yìtǐhuà	V	to make integrated
6	带动	dàidòng	V	to drive, to lead the way
7	流域	liúyù	N	drainage area

上海长江隧桥工程

上海长江隧桥工程是国家重点项目，总投资约 126 亿元，2009 年建成通车。它由上海长江大桥和上海长江隧道组成，是目前世界上规模最大的隧桥结合工程。上海长江隧桥始于上海浦东新区的五号沟，经长兴岛到达崇明区陈家镇，全长约 25.58 公里，其中隧道约长 8.95 公里，大桥约长 16.63 公里。

上海长江隧桥工程改善了上海市的交通结构，加速了长三角地区经济一体化，对带动长江流域和全国经济发展具有重要意义。

1 快速读完上面的短文，根据短文内容判断正误。

（1）（　　）上海长江大桥工程的总投资是 126 亿元。

（2）（　　）上海长江隧道是目前世界上规模最大的隧道。

（3）（　　）上海长江隧桥工程对加快长三角地区经济一体化具有重要意义。

2 再读一遍短文，根据短文内容填空。

（1）上海长江隧桥________是国家重点________。

（2）上海长江隧桥________上海长江大桥和上海长江隧道________。

（3）上海长江隧桥________上海浦东新区的五号沟，________长兴岛________崇明区陈家镇。

（4）上海长江隧桥工程________带动长江流域和全国经济发展________重要意义。

3 根据短文内容，用括号中的词语或格式回答问题。

（1）上海长江隧桥是哪一年建成的？（建成）

（2）上海长江隧桥有多长？（全长　其中）

（3）上海长江隧桥工程的意义是什么？（改善　加速　带动）

语言实践

通过网络等查找资料，了解一下崇明岛的现状。如有可能，去实地考察一下。

六、聚宝盆（写下这一课新学会的词语和句子）

第九课 玄奘的故事

一、热身

1. 中国历史上有哪些主要的朝代？你知道唐朝吗？请说一说你对唐朝有哪些了解。

2. 你听说过唐僧西天取经的故事吗？如果没听说过，可以到网上查一下资料。

二、听力

听力 A 09-1

关键词语

1	大雁塔	Dàyàn Tǎ	PN	Dayan Pagoda
2	铜像	tóngxiàng	N	bronze statue
3	僧人	sēngrén	N	monk
4	取经	qǔ jīng	VO	(of a Buddhist) to go to fetch Buddhist scriptures, to learn from the experience of others
5	佛经	fójīng	N	Buddhist scriptures
6	法师	fǎshī	N	master, a term of respect for a Buddhist or Taoist priest
7	朝廷	cháotíng	N	royal court
8	砖木	zhuānmù	N	brick and wood

1 听第一遍录音，判断正误。

(1)(　　) 大雁塔有 1300 多年的历史。

（2）（　　）玄奘从印度带回了许多佛经。

（3）（　　）现在的大雁塔是公元 652 年建造的。

2 听第二遍录音，填空。

（1）大家看，他________正________西行取经的路上。

（2）为了保存这些佛经和佛舍利，公元 652 年，朝廷批准建造了一________五________佛塔。

（3）后来，女皇武则天组织________，将大雁塔________为七层宝塔。

（4）千百年来，大雁塔一直是古城西安的________和________建筑。

3 听第三遍录音，回答问题。

（1）玄奘是谁？

（2）建造大雁塔的目的是什么？

听力 B 09-2

关键词语

1	佛教	Fójiào	PN	Buddhism
2	兴盛	xīngshèng	A	(to become) prosperous
3	梵文	Fànwén	PN	Sanskrit
4	运用	yùnyòng	V	to use
5	派别	pàibié	N	faction, school
6	真正	zhēnzhèng	A	real

1 听第一遍录音，判断正误。

（1）（　　）南北朝是唐朝之后的一个朝代。

（2）（　　）印度的佛经是用梵文写的。

（3）（　　）隋唐时期佛教中产生了很多派别。

2 听第二遍录音，填空。

（1）玄奘取经是历史上很________的一件大事。

（2）南北朝时期，人们________翻译佛经________就已经遇到了很大的困难。

（3）因为有不同的理解，________产生了争论，有了争论________产生了派别。

（4）因此，就有人想到印度去看看佛教________是怎么回事，________的佛典是什么样的。

3 听第三遍录音，回答问题。

（1）为什么人们会对佛经产生不同的理解？

（2）去印度取经的目的是什么？

三、阅读

阅读 A

关键词语

1	出家	chū jiā	VO	to renounce one's family to become a monk, nun or Taoist
2	定论	dìnglùn	N	conclusion
3	珍贵	zhēnguì	A	precious
4	特地	tèdì	Adv	specially
5	宣扬	xuānyáng	V	to publicize, to advocate
6	经典	jīngdiǎn	N	classic
7	沿途	yántú	N	along the way
8	风土人情	fēngtǔ-rénqíng		local customs

玄奘法师

玄奘（602年～664年）是唐朝著名的法师，俗姓陈，名祎，河南人。他是汉传佛教史上一位伟大的人物。

玄奘从小就开始学习佛经，13岁正式出家。在学习佛学的过程中，玄奘感到各派学说差异很大，没有定论，因此决心到天竺，即现在的印度，去取经。他从长安（今陕西西安）出发，经过今天的阿富汗等地区，历经千辛万苦，终于到达天竺。

玄奘在天竺学习了10多年，最终回到长安，并带回了657部佛经。为了保存这些珍贵的经文，唐太宗特地在长安城内建造了一座五层宝塔，也就是大雁塔。从此，玄奘和弟子一边忙于宣扬佛法，一边从事梵文经典的翻译工作。在19年的时间里，玄奘和弟子共翻译出75部佛典。

同时，玄奘和他的弟子还把西行沿途的政治、历史、文化和风土人情记录下来，编成《大唐西域记》。这部书是研究印度、尼泊尔、巴基斯坦、孟加拉国以及中亚等地古代历史地理的重要资料。

1 快速读完上面的短文，根据短文内容选择正确答案。

（1）玄奘是________。

A. 汉朝著名翻译家　B. 唐朝著名法师　C. 古代外交家

（2）玄奘________。

A. 10岁开始学习佛经

B. 独立翻译了75部佛经

C. 从印度带回了657部佛经

（3）《大唐西域记》________。

A. 记录了很多佛教故事

B. 记录了玄奘的取经过程

C. 记录了很多国家的情况

2 再读一遍短文，根据短文内容填空。

（1）________学习佛学的过程________，玄奘感到各派学说差异很大，没有定论，因此决心到天竺，________现在的印度，去取经。

（2）玄奘在天竺学习了10多年，最终回到长安，________带________了657部佛经。

（3）从此，玄奘和弟子一边________宣扬佛法，一边________梵文经典的翻译工作。

（4）玄奘和他的弟子还________西行沿途的政治、历史、文化和风土人情记录________，编________《大唐西域记》。

3 根据短文内容，用括号中的词语或格式回答问题。

（1）玄奘为什么要去印度取经？（感到 决心）

（2）玄奘回到长安以后的主要活动是什么？（一边……一边……）

阅读 B

关键词语

1	和尚	héshang	N	monk
2	返回	fǎnhuí	V	to return
3	成就	chéngjiù	N	achievement
4	深远	shēnyuǎn	A	far-reaching
5	信徒	xìntú	N	follower, believer
6	追求	zhuīqiú	V	to pursue
7	真理	zhēnlǐ	N	truth

玄奘取经的意义

据学者统计，从公元三世纪到四世纪，一共有7个和尚从陆路去取经，到了五世纪，有61人到“西天”取经，六世纪有14人，七世纪有56人，八世纪有32人。这170人中，平安返回的只有43人。

玄奘取经在历史上是一件了不起的事情。虽然玄奘并不是第一位去天竺取经的僧人，但他的成就特别大，影响特别大，具有的文化意义特别深远。玄奘取经，一是为了解决关于佛经的一些疑惑，二是为了看到更多的经文。玄奘取经，对佛教信徒来说，就是追求真理。不管我们信不信佛教，这种追求真理的精神，对我们来说都是很感人的。玄奘取经，在今天看来，是一种文化交流，玄奘就是一位优秀的“留学生”。

1 快速读完上面的短文，根据短文内容选择正确答案。

（1）从公元三世纪到八世纪，去西天取经的有170人，平安返回的只有大约________。

A.1/3　　B.1/4　　C.1/5

（2）玄奘取经________。

A. 是历史上第一次取经

B. 将佛教介绍到了中国

C. 所取得的成就特别大

（3）玄奘取经的目的是________。

A. 解决关于佛经的疑惑

B. 看到更多的佛经

C. 以上都正确

2 再读一遍短文，根据短文内容填空。

（1）________玄奘并不是第一位去天竺取经的僧人，________他的________特别大，________特别大，具有的________特别深远。

（2）玄奘取经，________为了解决关于佛经的一些疑惑，________为了看到更多的经文。

（3）________我们信不信佛教，这种追求真理的精神，对我们来说________是很感人的。

（4）玄奘取经，________今天________，是一种文化交流，玄奘就是一位优秀的“留学生”。

3 根据短文内容，用括号中的词语或格式回答问题。

（1）玄奘并不是第一位去天竺取经的僧人，那为什么说玄奘取经在历史上是一件了不起的事情？（虽然……但是……）

（2）玄奘取经的意义是什么？（在……看来　不管……都……）

四、表达活动

1. 你怎样评价玄奘取经？

（1）先把你的看法写在一张纸上，你可以选用下面括号中的词语或格式。

（疑惑 佛经 佛教 风土人情 文化交流 最主要的是 在……看来）

（2）口头交流各自的看法。

2. 向同学介绍一下玄奘的生平经历。

五、拓展练习

听力 09-3

关键词语

1	浪漫主义	làngmàn zhǔyì		romanticism
2	神魔	shénmó	N	god and devil
3	以……为蓝本	yǐ… wéi lánběn		to be based on
4	描写	miáoxiě	V	to describe
5	降妖除怪	xiángyāo-chúguài		to tame the monsters
6	如来	Rúlái	PN	Tathagata, Buddha
7	民间	mínjiān	N	folk, among the people
8	神话	shénhuà	N	myth

1 听第一遍录音，判断正误。

（1）（　　）《西游记》是中国四大名著之一。

（2）（　　）《西游记》里，唐僧取经一共经历了 99 个难关。

（3）（　　）《西游记》描写的是玄奘西行取经的真实故事。

（4）（　　）《西游记》的作者叫吴承恩。

2 听第二遍录音，填空。

（1）《西游记》是中国古代第一部浪漫主义长篇神魔小说，跟《三国演义》《水浒传》《红楼梦》一起被称为________。

（2）这部小说________“玄奘取经”这一历史事件________蓝本，主要________了孙悟空、猪八戒、沙僧三个徒弟和白龙马保护师父唐僧________行取经，一路降妖除怪，经历九九八十一难，终于________西天见到如来佛祖，取得真经的________。

（3）吴承恩________这些民间传说和戏曲故事的基础________，进行艺术________，完成了这部伟大的文学名著。

3 听第三遍录音，用括号中的词语或格式回答问题。

（1）《西游记》是一部怎样的小说？（第一部　浪漫主义）

（2）《西游记》的主要内容是什么？（描写了……的故事）

阅读

关键词语

1	主角	zhǔjué	N	leading role, protagonist
2	本领	běnlǐng	N	ability, capability
3	逼迫	bīpò	V	to force
4	封	fēng	V	to confer (a title or land) upon
5	正直	zhèngzhí	A	upright, fair-minded
6	化身	huàshēn	N	incarnation
7	活泼	huópō	A	lively
8	神通广大	shéntōng-guǎngdà		to have omnipotent magic power

孙悟空

孙悟空是中国古典名著《西游记》中的主角。他本来是花果山上的美猴王，学到本领以后，逼迫玉皇大帝封他为“齐天大圣”，后来又大闹天宫，但最终被如来佛压在五行山下。五百多年后，唐僧西天取经，路过五行山时救出了孙悟空。孙悟空拜唐僧为师，在取经路上保护唐僧，降妖除怪，最后终于到达西天，取得真经。

孙悟空在中国民间文化中是正直勇敢的化身。他聪明活泼，神通广大，深受老百姓的喜爱。

1 快速读完上面的短文，根据短文内容判断正误。

（1）（　　）孙悟空是玄奘的弟子。

（2）（　　）唐僧是《西游记》的主角。

（3）（　　）中国人都很熟悉孙悟空的形象。

2 再读一遍短文，根据短文内容填空。

（1）他________是花果山上的美猴王，学到了本领________，逼迫玉皇大帝封他为“齐天大圣”，________又大闹天宫，但________如来佛压在五行山下。

（2）孙悟空在中国民间文化中是________的化身。

（3）他聪明活泼，神通广大，________老百姓的________。

3 根据短文内容，用括号中的词语或格式回答问题。

（1）孙悟空是怎样成为唐僧的徒弟的？（本来　后来　五百多年后）

（2）在中国民间文化中，孙悟空是一个怎样的形象？（是……化身）

语言实践

通过网络等查找资料，了解一下佛教在中国传播的历史。

六、聚宝盆（写下这一课新学会的词语和句子）

第十课

不怕做不到，就怕想不到

一、热身

1. 你觉得创新是一件很难的事情吗？

2. 你能不能举出一两个创新或创业的著名的例子？

3. 你觉得所有的创新都是有积极意义的吗？

二、听力

听力 A 10-1

关键词语

1	航海	hánghǎi	V	to sail over the sea
2	率领	shuàilǐng	V	to lead
3	当地	dāngdì	N	local, (in the) locality
4	本土	běntǔ	N	local, native
5	竖	shù	V	to set upright
6	束手无策	shùshǒu-wúcè		to be helpless

1 听第一遍录音，判断正误。

（1）（　　）哥伦布是第一个到达美洲的人。

（2）（　　）哥伦布坚持认为是他第一个发现了美洲大陆。

（3）（　　）哥伦布认为自己的航海发现是非常了不起的。

2 听第二遍录音，填空。

（1）当时哥伦布________那是印度，所以________当地居民________“印第安人”。

（2）有些人还是________他，觉得那没什么________的，只要坐船出海，谁都会到达那块陆地。

（3）哥伦布拿着鸡蛋，把鸡蛋的一头儿在桌上________一敲，鸡蛋就________地直立在桌子上了。

3 听第三遍录音，回答问题。

（1）哥伦布是谁？

（2）哥伦布想要通过竖鸡蛋这件事告诉大家什么？

听力 B 10-2

关键词语

1	搜集	sōují	V	to collect
2	反馈	fǎnkuì	V	(to give) feedback
3	驻守	zhùshǒu	V	to garrison
4	战士	zhànshì	N	soldier
5	反映	fǎnyìng	V	to report, to make known
6	瓜分	guāfēn	V	to carve up, to share
7	创新	chuàngxīn	V&N	to innovate; creativity, new idea

1 听第一遍录音，判断正误。

（1）（　　）这家公司新生产的“土豆洗衣机”既能洗衣服，又能洗土豆。

（2）（　　）这家公司非常重视市场需求分析。

（3）（　　）这家公司生产的一种洗衣机还具有净化海水的功能。

2 听第二遍录音，填空。

（1）有一次，一些驻守海岛的战士向他们公司________说，因为没有干净的水，白衬衫都洗________了。

（2）农民________发现洗衣机不仅能洗衣服，还能洗土豆、地瓜，不过________，但________不太好用。

（3）有时候，另外做一块蛋糕________并不难，________在于要有这个________。

3 听第三遍录音，回答问题。

（1）哪些实例体现了这家公司对市场需求分析的重视？

（2）公司老板说的可以另外做一块蛋糕，是指什么？

三、阅读

阅读 A

关键词语

1	梳子	shūzi	N	comb
2	寺庙	sìmiào	N	temple
3	不屈不挠	bùqū-bùnáo		unyielding, unbending
4	蓬头垢面	péngtóu-gòumiàn		with dishevelled hair and a dirty face
5	凡	fán	Adv	all, every
6	虔诚	qiánchéng	A	devout
7	积德行善	jīdé-xíngshàn		to do good and charitable deeds

把梳子卖给和尚

一家生产梳子的公司招聘业务员。经过面试后剩下三个人，公司出了最后一道题：谁能把梳子卖给和尚？半个月后，三个人回来了。结果是：

甲跑了三座寺庙，无数次被和尚臭骂，但仍然不屈不挠，终于感动了一位小和尚，卖出了一把梳子。

乙去了一座名山古寺，找到方丈说："蓬头垢面是对佛的不敬，应该在每张香案前放一把梳子，供善男信女梳头。"方丈觉得有道理，买下了十把梳子。

丙来到一座香火极旺的寺庙，对方丈说："凡来进香者，都有一颗虔诚之心，贵寺应该有所回赠，保佑平安吉祥，鼓励积德行善。您看，我有一批梳子，您书法一流，建议您在梳子上刻上'积善梳'三字，将其作为赠品。"方丈听了，觉得很有道理，立刻买下一千把梳子。

发现潜在的需求非常重要。对方有些需求，可能他自己也没有意识到，你把它发掘出来，就可以获得"双赢"。

1 快速读完上面的短文，根据短文内容选择正确答案。

（1）三个人中，最不成功的是________。

A. 甲　　B. 乙　　C. 丙

（2）三座寺庙的和尚购买的梳子________。

A. 各有不同用途

B. 并不是都有用

C. 都用来送给香客

（3）丙去的那座寺庙的方丈决定买下一千把梳子，是因为________。

A. 梳子有积德行善的意思

B. 他打算把梳子作为赠品

C. 在梳子上刻字比较方便

2 再读一遍短文，根据短文内容填空。

（1）甲跑了三座寺庙，无数次被和尚________，但仍然________，终于感动了一位小和尚，卖出了一把梳子。

（2）凡来进香者，都有一颗虔诚________，贵寺应该________回赠，________平安吉祥，________积德行善。

（3）方丈听了，觉得________，立刻买________一千________梳子。

3 根据短文内容，用括号中的词语或格式回答问题。

（1）乙是怎么劝说方丈买下梳子的？（蓬头垢面　供）

（2）丙是怎么劝说方丈买下梳子的？（回赠　建议）

阅读 B

关键词语

1	军事家	jūnshìjiā		military strategist
2	迫害	pòhài	V	to persecute
3	兵法	bīngfǎ	N	art of war
4	献计献策	xiànjì-xiàncè		to offer advice, to make suggestions
5	大臣	dàchén	N	minister
6	闷闷不乐	mènmèn-búlè		unhappy, in low spirits
7	采纳	cǎinà	V	to adopt, to accept
8	智慧	zhìhuì	N	wisdom

田忌赛马

孙膑，是中国古代著名的军事家。孙膑生活在战国时期，本来在魏国做官，因为受到迫害，逃到了齐国。齐国的大将田忌，非常欣赏孙膑的才能，经常向他请教兵法，孙膑对田忌也很感激，经常为他献计献策。

当时，赛马是齐国贵族普遍爱好的娱乐活动。田忌多次与齐王及其他大臣赛马，但输多赢少。一天，他赛马又输了，回家后闷闷不乐。

孙膑了解到，赛马的规则是，大家把各自的马匹按奔跑速度分为上、中、下三个等级，按等级分别进行三局比赛，采用三局两胜制。

孙膑就向田忌建议，下次跟齐王赛马的时候，把自己的下等马当成上等马，把上等马当成中等马，把中等马当成下等马。田忌采纳了孙膑的建议。第一局，上等马对上等马。田忌的“上等马”本是下等马，自然是输了。可是，第二局、第三局比赛，田忌的马实际上都比齐王的马高一个等级，所以两局都赢了。最后结果，二比一，田忌赢了齐王。

这就是“田忌赛马”的故事，体现了古代人的智慧。

1 快速读完上面的短文，根据短文内容选择正确答案。

（1）孙膑是一位________。

A. 军事家　　B. 赛马专家　　C. 齐国大将

（2）总体上看，跟齐王的马比起来，田忌的马________。

A. 更强　　B. 都是下等马　　C. 差一些

（3）比赛的最后结果是________。

A. 齐王赢了　　B. 田忌赢了　　C. 双方不分输赢

2 再读一遍短文，根据短文内容填空。

（1）齐国的大将田忌，非常________孙膑的才能，经常向他________兵法，孙膑对田忌也很________，经常为他________。

（2）孙膑就向田忌建议，下次跟齐王赛马的时候，把自己的下等马________上等马，把上等马________中等马，把中等马________下等马。

（3）田忌的“上等马”________是下等马，________是输了。可是，第二局、第三局比赛，田忌的马________都比齐王的马高一个等级，所以两局都赢了。

3 根据短文内容，用括号中的词语或格式回答问题。

（1）赛马的规则是怎样的？（各自　分成　按）

（2）孙膑向田忌提出了什么建议？（把……当成……）

四、表达活动

1. 结合本课的四个故事，谈谈创新的关键因素是什么。

（1）先把你的看法写在一张纸上，你可以选用下面括号中的词语。

（创新意识　创新能力　思维方式　发现需求　创造需求　运用智慧）

（2）口头交流各自的看法。

2. 对本课的四个故事，你分别有什么评价？向大家说说你的看法。

五、拓展练习

听力 10-3

关键词语

1	疯子	fēngzi	N	madman
2	骗子	piànzi	N	swindler, con man
3	状况	zhuàngkuàng	N	condition, status
4	价值观	jiàzhíguān	N	sense of worth, value(s)
5	诚信	chéngxìn	A	honest, sincere
6	虚	xū	A	empty, void, unpractical
7	开除	kāichú	V	to fire (sb.)
8	花言巧语	huāyán-qiǎoyǔ		sweet but insincere words

1 听第一遍录音，判断正误。

（1）（　　）他对“把梳子卖给和尚”的做法非常反感。

（2）（　　）他认为自己成功的最重要的原因是坚持正确的价值观。

（3）（　　）他觉得自己当初创业的时候之所以很艰难，就是因为诚信不够。

2 听第二遍录音，填空。

（1）________是什么让我们这个企业活________，________发展________今天这个样子的？

（2）这些东西看起来似乎都很________，很不________，但________很重要。

（3）靠________，把产品卖给那些其实不需要这个产品的客户，我认为这是________，而不是销售________。

3 听第三遍录音，用括号中的词语或格式回答问题。

（1）他觉得他这个企业能活下来并发展到今天的原因是什么？（价值观）

（2）他怎么看“把梳子卖给和尚”这种培训内容？（骗术　挑战）

阅读

关键词语

1	谋略	móulüè	N	strategy
2	恰恰	qiàqià	Adv	just, exactly
3	契约	qìyuē	N	contract
4	监督	jiāndū	V	to supervise
5	保障	bǎozhàng	V	to safeguard
6	投机取巧	tóujī-qǔqiǎo		to be opportunistic, to seize every chance to gain advantage by trickery

破坏规则，还是运用谋略？

田忌赛马，说的是一种谋略。这种谋略，从兵法来看，是很正常的，也是很高明的，但是，如果把这种谋略用到其他领域，恐怕不值得称赞。

田忌与齐王赛马，应该共同遵守游戏规则，而田忌恰恰是通过破坏游戏规则来赢得比赛的，因此，这种行为不应该得到肯定。如果我们把“田忌赛马”这种谋略用到体育比赛上，它显然不符合奥林匹克精神；如果用到商务活动上，它显然也不符合契约精神。

齐王输给了田忌，他自己也有责任。这场赛马游戏，没有人监督，没有裁判，游戏规则的执行就很难得到保障。况且，这一比赛方式本身就有其不合理之处，给投机取巧提供了机会。

当然，齐王没有严肃地对待这场游戏，可能是因为他本来就没把输赢当回事，我们也不必太当真。“田忌赛马”也许是一种古代智慧，但是，如果今天把“田忌赛马”当作一种智慧运用到商业中，运用到竞争中，那就有问题了。

1 快速读完上面的短文，根据短文内容判断正误。

（1）（　　）作者非常欣赏“田忌赛马”这一古代智慧。

（2）（　　）作者认为田忌没有遵守游戏规则。

（3）（　　）作者认为“田忌赛马”作为一种兵法谋略是很高明的。

2　再读一遍短文，根据短文内容填空。

（1）田忌与齐王赛马，应该共同遵守游戏规则，＿＿＿＿田忌＿＿＿＿通过破坏游戏规则来赢得比赛的，因此，这种行为不应该得到＿＿＿＿。

（2）这一比赛方式本身就有＿＿＿＿不合理＿＿＿＿，＿＿＿＿投机取巧＿＿＿＿了机会。

（3）齐王没有严肃地对待这场游戏，可能是因为他本来就没＿＿＿＿输赢＿＿＿＿。

3　根据短文内容，用括号中的词语或格式回答问题。

（1）为什么作者认为“田忌赛马”这种行为不应该得到称赞？（破坏　不符合）

（2）作者说“这一比赛方式本身就有其不合理之处”，你同意吗？为什么？

语言实践

围绕对“把梳子卖给和尚”或“田忌赛马”的评价问题，分成正反两方，进行辩论。

六、聚宝盆（写下这一课新学会的词语和句子）

生词表

生词	拼音	课号
A		
安装	ānzhuāng	5
B		
保安	bǎo'ān	1
保管	bǎoguǎn	5
保障	bǎozhàng	10
抱怨	bàoyuàn	1
爆冷门	bào lěngmén	6
爆竹	bàozhú	5
背后	bèihòu	1
背叛	bèipàn	5
本领	běnlǐng	9
本土	běntǔ	10
甭	béng	5
逼迫	bīpò	9
比例	bǐlì	7
编写	biānxiě	7
鞭炮	biānpào	5
兵法	bīngfǎ	10
补充	bǔchōng	8
不可思议	bùkě-sīyì	3
不屈不挠	bùqū-bùnáo	10
布局	bùjú	3
C		
采纳	cǎinà	10
操作	cāozuò	2
差距	chājù	7
产业	chǎnyè	7
场地	chǎngdì	6
场景	chǎngjǐng	7
畅销	chàngxiāo	4
超越	chāoyuè	4
朝廷	cháotíng	9
成不了	chéng bu liǎo	1
成就	chéngjiù	9
呈……趋势	chéng…qūshì	3
诚信	chéngxìn	10
承接	chéngjiē	7
承受	chéngshòu	1
城际	chéngjì	7
乘凉	chéng liáng	2
程序	chéngxù	4
冲积	chōngjī	8
出家	chū jiā	9
除夕	chúxī	5
厨艺	chúyì	4
处罚	chǔfá	5
踹	chuài	6
传	chuán	6
创新	chuàngxīn	10
创业	chuàngyè	2
创作	chuàngzuò	4
此话怎讲	cǐ huà zěn jiǎng	6
挫折	cuòzhé	1
D		
打盹儿	dǎ dǔnr	2
大臣	dàchén	10
大雁塔	Dàyàn Tǎ	9
大致	dàzhì	6
代替	dàitì	5
带动	dàidòng	8
担任	dānrèn	1
耽误	dānwu	2
当初	dāngchū	1

生词	拼音	课号
当地	dāngdì	10
导航	dǎoháng	4
导致	dǎozhì	1
得意	déyì	3
登录	dēnglù	2
地道	dìdao	7
电池	diànchí	5
爹	diē	5
叮嘱	dīngzhǔ	2
定论	dìnglùn	9
定义	dìngyì	4
独特	dútè	7
赌	dǔ	6
度	dù	2
度假	dùjià	8
对决	duìjué	6
E		
而已	éryǐ	3
F		
发布会	fābùhuì	3
法宝	fǎbǎo	4
法师	fǎshī	9
凡	fán	10
繁殖	fánzhí	8
反馈	fǎnkuì	10
反映	fǎnyìng	10
返回	fǎnhuí	9
梵文	Fànwén	9
防守	fángshǒu	6
仿真	fǎngzhēn	4
放宽	fàngkuān	7
分辨	fēnbiàn	4
分居	fēn jū	3
封	fēng	9
风水宝地	fēngshuǐ bǎodì	8
风土人情	fēngtǔ-rénqíng	9
疯子	fēngzi	10

生词	拼音	课号
峰会	fēnghuì	4
佛	fó	9
佛教	Fójiào	9
佛经	fójīng	9
G		
该	gāi	4
改善	gǎishàn	2
高考	gāokǎo	6
高效	gāoxiào	2
高薪	gāoxīn	7
搞	gǎo	6
告	gào	1
隔壁	gébì	3
更新	gēngxīn	2
工程	gōngchéng	8
公安局	gōng'ānjú	5
供……参考	gōng…cānkǎo	6
沟通	gōutōng	2
孤单	gūdān	3
股市	gǔshì	3
固定	gùdìng	5
故障	gùzhàng	2
顾名思义	gùmíng-sīyì	7
瓜分	guāfēn	10
关键	guānjiàn	6
逛	guàng	3
规划	guīhuà	8
鬼魂	guǐhún	4
过境	guò jìng	8
H		
海归	hǎiguī	7
含糊	hánhu	6
行情	hángqíng	3
航海	hánghǎi	10
何	hé	4
和尚	héshang	9
黑幕	hēimù	1

生词	拼音	课号
胡同	hútong	7
户口	hùkǒu	7
户口本儿	hùkǒuběnr	7
护理	hùlǐ	3
花生	huāshēng	2
花言巧语	huāyán-qiǎoyǔ	10
化身	huàshēn	9
化验	huàyàn	2
混乱	hùnluàn	1
活泼	huópō	9
J		
积德行善	jīdé-xíngshàn	10
积蓄	jīxù	8
及	jí	3
加深	jiāshēn	7
加速	jiāsù	8
加油站	jiāyóuzhàn	8
家属	jiāshǔ	2
家务	jiāwù	4
家长	jiāzhǎng	2
甲方	jiǎfāng	2
嫁	jià	8
价值观	jiàzhíguān	10
驾驶	jiàshǐ	4
坚决	jiānjué	1
监督	jiāndū	10
兼容	jiānróng	5
简直	jiǎnzhí	5
街道	jiēdào	5
节奏	jiézòu	3
结局	jiéjú	1
解放	jiěfàng	7
界	jiè	2
借鉴	jièjiàn	5
金融	jīnróng	7
锦标赛	jǐnbiāosài	6
尽孝	jìn xiào	3

生词	拼音	课号
进攻	jìngōng	6
经典	jīngdiǎn	9
经营	jīngyíng	5
精神赔偿	jīngshén péicháng	1
净土	jìngtǔ	8
敬老院	jìnglǎoyuàn	3
就业	jiù yè	7
居多	jūduō	7
居住	jūzhù	8
巨星	jùxīng	6
决策	juécè	2
决赛	juésài	6
军事家	jūnshìjiā	10
K		
开除	kāichú	10
开发	kāifā	4
看重	kànzhòng	7
康复	kāngfù	3
可行性	kěxíngxìng	6
铿锵	kēngqiāng	6
空巢	kōngcháo	3
扩展	kuòzhǎn	4
L		
浪漫主义	làngmàn zhǔyì	9
老百姓	lǎobǎixìng	8
老伴儿	lǎobànr	3
老有所乐	lǎoyǒusuǒlè	3
谅解	liàngjiě	1
凌晨	língchén	6
领域	lǐngyù	4
另类	lìnglèi	3
流域	liúyù	8
录用	lùyòng	1
律师	lǜshī	1
绿化率	lǜhuàlǜ	8
轮休	lúnxiū	2
落后	luò hòu	8

生词	拼音	课号
M		
馒头	mántou	2
忙碌	mánglù	4
美妙	měimiào	7
魅力	mèilì	6
门卫	ménwèi	6
闷闷不乐	mènmèn-búlè	10
梦幻	mènghuàn	8
密集	mìjí	5
棉花	miánhuā	2
描写	miáoxiě	9
民间	mínjiān	9
民俗	mínsú	5
名列前茅	mínglièqiánmáo	1
模拟	mónǐ	4
模式	móshì	8
谋略	móulüè	10
亩	mǔ	2
目的地	mùdìdì	8
N		
纳入	nàrù	6
能量	néngliàng	8
拧	nǐng	2
宁可	nìngkě	1
农家乐	nóngjiālè	8
P		
排行榜	páihángbǎng	7
排名	pái míng	4
派别	pàibié	9
盼	pàn	5
陪伴	péibàn	3
喷雾器	pēnwùqì	2
蓬头垢面	péngtóu-gòumiàn	10
偏	piān	6
骗子	piànzi	10
拼搏	pīnbó	6
贫苦	pínkǔ	7

生词	拼音	课号
平原	píngyuán	2
迫不得已	pòbùdéyǐ	3
迫害	pòhài	10
迫切	pòqiè	8
普及	pǔjí	6
Q		
其	qí	4
齐全	qíquán	3
起源	qǐyuán	6
契约	qìyuē	10
恰恰	qiàqià	10
迁徙	qiānxǐ	8
前锋	qiánfēng	6
前途	qiántú	1
虔诚	qiánchéng	10
抢险	qiǎngxiǎn	2
茄子	qiézi	2
琴棋书画	qín-qí-shū-huà	3
勤奋好学	qínfèn hàoxué	7
勤快	qínkuai	6
清理	qīnglǐ	5
取代	qǔdài	4
取经	qǔ jīng	9
全托	quántuō	2
R		
人次	réncì	7
人均	rénjūn	8
荣誉	róngyù	7
融入	róngrù	7
融为一体	róngwéi yìtǐ	4
如来	Rúlái	9
如下	rúxià	5
入选	rùxuǎn	6
S		
僧人	sēngrén	9
善于	shànyú	7
少年宫	shàoniángōng	2

生词	拼音	课号
哨声	shàoshēng	6
射	shè	6
设施	shèshī	3
涉及	shèjí	4
身份证	shēnfènzhèng	7
深入	shēnrù	3
深远	shēnyuǎn	9
神话	shénhuà	9
神魔	shénmó	9
神通广大	shéntōng-guǎngdà	9
生态	shēngtài	8
诗	shī	4
十拿九稳	shíná-jiǔwěn	1
实验室	shíyànshì	2
示范	shìfàn	2
是否	shìfǒu	1
寿命	shòumìng	8
梳子	shūzi	10
竖	shù	10
数	shù	4
数据	shùjù	3
束手无策	shùshǒu-wúcè	10
率领	shuàilǐng	10
水库	shuǐkù	8
说闲话	shuō xiánhuà	3
思维	sīwéi	4
寺庙	sìmiào	10
搜集	sōují	10
隧道	suìdào	8
所谓	suǒwèi	1
T		
踏实	tāshi	6
贪污受贿	tānwū-shòuhuì	1
特地	tèdì	9
特色	tèsè	6
体谅	tǐliàng	3
条例	tiáolì	5

生词	拼音	课号
挑战	tiǎozhàn/tiǎo zhàn	7
通告	tōnggào	5
铜像	tóngxiàng	9
投机取巧	tóujī-qǔqiǎo	10
投资	tóu zī	6
团聚	tuánjù	7
退役	tuì yì	6
W		
挖掘机	wājuéjī	2
外观	wàiguān	5
外科	wàikē	2
危害	wēihài	5
违法乱纪	wéifǎ-luànjì	1
围棋	wéiqí	4
围着……转	wéizhe…zhuàn	3
污渍	wūzì	4
无比	wúbǐ	5
X		
喜出望外	xǐchūwàngwài	1
狭窄	xiázhǎi	6
献计献策	xiànjì-xiàncè	10
相当	xiāngdāng	6
相当于	xiāngdāng yú	8
相似	xiāngsì	5
降妖除怪	xiángyāo-chúguài	9
向往	xiàngwǎng	1
项目	xiàngmù	8
消费	xiāofèi	5
销量	xiāoliàng	4
潇洒	xiāosǎ	3
小区	xiǎoqū	5
心理	xīnlǐ	1
心态	xīntài	2
信徒	xìntú	9
兴盛	xīngshèng	9
兴高采烈	xìnggāo-cǎiliè	5
幸亏	xìngkuī	1

生词	拼音	课号
休闲	xiūxián	8
虚	xū	10
许可	xǔkě	4
叙述	xùshù	4
宣扬	xuānyáng	9
询问	xúnwèn	1
Y		
亚军	yàjūn	6
烟花	yānhuā	5
沿途	yántú	9
研讨会	yántǎohuì	4
焰火	yànhuǒ	5
夭折	yāozhé	6
依照	yīzhào	5
一再	yízài	1
遗憾	yíhàn	1
以……为蓝本	yǐ… wéi lánběn	9
一体化	yìtǐhuà	8
意识	yìshí	4
意识到	yìshí dào	8
意味着	yìwèizhe	4
引进	yǐnjìn	8
应聘者	yìngpìnzhě	1
有关部门	yǒuguān bùmén	6
有条不紊	yǒutiáo-bùwěn	2
幼教	yòujiào	2
于	yú	6
予以	yǔyǐ	5
预计	yùjì	4
原理	yuánlǐ	4
原貌	yuánmào	8
越冬	yuèdōng	8
允许	yǔnxǔ	4
运输	yùnshū	7
运用	yùnyòng	9

生词	拼音	课号
Z		
在乎	zàihu	7
赞助	zànzhù	6
噪声	zàoshēng	5
则	zé	4
占比	zhànbǐ	7
战士	zhànshì	10
针对性	zhēnduìxìng	6
珍贵	zhēnguì	9
珍惜	zhēnxī	2
真理	zhēnlǐ	9
真正	zhēnzhèng	9
征得	zhēngdé	2
正直	zhèngzhí	9
正宗	zhèngzōng	7
证书	zhèngshū	7
支付	zhīfù	1
职位	zhíwèi	4
指标	zhǐbiāo	8
志愿者	zhìyuànzhě	3
智慧	zhìhuì	10
智能	zhìnéng	4
主角	zhǔjué	9
驻守	zhùshǒu	10
专门	zhuānmén	7
砖木	zhuānmù	9
状况	zhuàngkuàng	3、10
追求	zhuīqiú	9
卓越	zhuóyuè	2
自动	zìdòng	4
自理	zìlǐ	3
自杀	zìshā	1
足坛	zútán	6
祖先	zǔxiān	7

录音文本

第一课　一个招聘故事的N种结局

听力A

一家著名的公司要招聘10名员工。经过严格的面试，公司从300多人中选出了10位。公布结果这天，一个青年看见名单上没有自己的名字，十分失望。这是他一直非常向往的公司，而且自己的专业跟这次招聘的岗位也完全对口，面试的时候他感觉一切顺利。面完回来，他跟亲朋好友说，这次他很有把握。可万万没想到，最后竟然没成功。他觉得很没面子，回到家里就要跳楼自杀，幸亏亲人及时发现并制止。

就在他极其伤心的时候，从公司传来了好消息。他的面试成绩其实很不错，可是工作人员在输入的时候，把他的成绩给输错了。因此，公司请他马上去一趟。听到这个消息，他激动得跳了起来。他赶紧跑到公司，公司老总亲自接待了他，向他表示歉意，并正式宣布，他已经被录用了，明天就可以来上班。

回家的路上，想到自己竟然为这点儿事情就想自杀，他觉得确实有点儿可笑。

听力B

一家著名的公司要招聘10名员工。公司从300多位应聘者提交的材料中选出20位，进行了严格的面试。公布结果这天，一个青年看见名单上没有自己的名字，十分失望。面试结束以后，他自我感觉良好，因为面试的时候他看到面试官在不断点头，似乎对他很满意。所以，他本以为这是十拿九稳的事，可万万没想到竟然没成功。他觉得很没面子，回到家里就要跳楼自杀，幸亏亲人及时发现并制止。

就在他极其伤心的时候，从公司传来了好消息。他的面试成绩其实很不错，可是工作人员在输入的时候，把他的成绩给输错了。听到这个消息，他激动得跳了起来。他赶紧跑到公司询问最终结果，可是公司告诉他，非常抱歉，也非常遗憾，他们实在无法录用他。虽然这确实是一个错误，但由于名单已经公布，录用的10个人都已经报到，所以结果无法改变了。公司只能向他表示歉意，并请他谅解。

拓展练习 · 听力

一家著名的公司要招聘10名员工。经过严格的初试和复试，公司从300多位应聘者中选出了10位。有位青年自以为十拿九稳，可是最终发现自己竟然落选了。他大失所望，冲到一座大桥上就要跳河自杀，幸亏路人及时发现并制止。

就在他极其悲伤的时候，他接到公司来电，说他的成绩其实相当不错，在300多名应聘者中，他的成绩是名列前茅的，是电脑操作失误才导致他落选。公司真诚地向他表示歉意，并正式通知他马上去公司报到。

正当他们一家人喜出望外之时，当地一些律师事务所先后给他打来电话。也不知道他们从哪里得到的消息，竟然都听说了这件事情。在电话里，他们对他的遭遇表示了深切的同情，同时，考虑到这一事件对他在精神上造成的伤害，他们一再劝说，他应该到法院去告这家公司，要求这家公司支付精神赔偿费。他们在电话里纷纷表示，如果他想打官司的话，他们愿意担任他的律师。

第二课 普通人的一天

听力 A

我是一名幼教老师，在少年宫工作了十来年了。男的做幼教，不多见，对吧？我每天六点起床，七点准时出门，七点半以前必须赶到教室。很多家长八点上班，所以他们一般在七点半过一点儿的时候，就把孩子送来了。然后我会一直忙到下午五点多，看着家长把最后一个孩子接走。

今天是星期六，但是对我来说和工作日没有什么区别。我带的是全托班，周二到周日都上班，周一休息。平时我和另外一位老师一起带一个班，每个星期我俩轮休一天。带小孩子很累，但是也很有意思。我特别喜欢孩子。

我儿子平时也在这儿，在这儿吃，在这儿睡。今天星期六，他妈妈在家带他。晚上我会跟朋友们一起喝喝酒，聊聊天儿，放松一下。

每到周末，我爸爸、妈妈总会等我的电话。我不打过去，他们就一定会打过来。我老想着回去看看他们，可是总没时间。

听力 B

我叫李振新，今年 40 岁。我自己买了一台挖掘机，自己创业已经 7 年多了。创业确实不容易，早出晚归那是经常的事。家里人都很支持我的事业。我从来没时间管孩子，每天一大早就出发，中午就在工地随便吃两个馒头，晚上回家天早就黑了。

最近接的活儿是一个抢险工程。甲方时间催得比较紧，驾驶员最近辞职了，一时半会儿找不到合适的人手，这段时间只能我自己上了，不能耽误工期啊。幸好我自己会开挖掘机，设备也比较给力，很少出故障。

我每天登录“我的伙伴”APP。这是挖掘机公司新开发的一款 APP，确实很方便，可以帮助我们科学有效地管理挖掘机，发布求租出租信息，我们还可以通过它保修保养。

说实话，自己吃苦受累都是为了家人。看着我这三口之家的小日子过得越来越好，再苦再累也是值得的。

拓展练习 · 听力

（在一个电视节目中。）

主持人：大家很想知道一位卓越的科学家一天是怎么过的。

陆星华：没什么特别的。我一般五点半会醒来。醒来以后，先想一想今天有哪几件比较重要的事。

主持人：先做一个计划。

陆星华：是的。我早上习惯先去公园运动一个小时，然后回家洗澡，吃饭，再骑自行车去学校。

主持人：到单位的第一件事情是什么呢？

陆星华：先处理实验室的事情，技术上的问题啊，重大决策啊，等等。然后一般是开会、上课、处理邮件等等。

主持人：您午休吗？

陆星华：我从来不午休。我喜欢利用午餐时间跟同事啊，学生啊，企业界的朋友啊，一起聊聊。

主持人：您这是“工作午餐”。那下午的时间……

陆星华：下午的时间我是在实验室里度过的。我的博士生每天也在实验室里，有问题随时讨论。

主持人：那几点下班呢？

陆星华：无所谓下班不下班，晚饭我在学校食堂吃。晚上的时间，我会读最新的学术论文，思考问题。

主持人：听说很多科学家都是只睡四个小时？

陆星华：特别忙的时候是，但长期那样肯定不行。我基本上每天可以睡足六个小时。

第三课 谁照顾谁？

听力 A

老伴儿老伴儿，就是老来做伴儿。但张大爷和他老伴儿没想到，老了却开始了“分居”生活。儿子在外地工作，老伴儿去儿子家帮忙带孩子，张大爷成了“空巢老人”。一个人吃饭，一个人看电视，一个人出门。虽然孤单，但是张大爷自己照顾自己还是没有问题的。张大爷有时也会去儿子家住几天，看看老伴儿和孙子，但也就是住上几天而已。因为张大爷觉得，老了却到一个完全陌生的地方生活，不习惯。老伴儿每个月也会回来几天，但也就是几天而已。过不了多久，就开始想孙子，又要过去帮忙了。她说：“没办法，孩子需要，咱们就得帮忙。现在年轻人工作忙，生活压力大。我们身体还好，帮他们一把也是应该的。”

听力 B

我妈常说：“等我老了，就去敬老院，我不用你们照顾。”我知道，父母提出要去敬老院，那是他们体谅儿女的难处，是迫不得已。我是不会答应送他们去敬老院的。倒不是怕别人说闲话，是舍不得啊。人老了最怕什么？最怕孤单。最需要什么？最需要亲人的陪伴。

如果我说：“妈，你去敬老院，那怎么行？谁帮我做饭？谁帮我照看孩子？

妈，你不能去敬老院，我太需要你了。”我妈那时候一定会很得意地对她的老伙伴说：“我闺女舍不得我啊，她需要我照顾。没办法，我只好先暂时不去敬老院了。”

敬老院有浓浓的老人味道，本来不老的，进去十分钟都要老十岁。要是父母住在敬老院，周围全是老人，今天和他们打麻将的人很可能第二天就走了，那多难受啊！

不过话又说回来，当他们真的老了，生活不能自理了，我们有时间、有精力照顾他们吗？我们真的能尽孝吗？

拓展练习 · 听力

阳光家园是一个特别的住宅小区。它依山傍水，环境优美，最特别的是它的布局。小区中间是一个湖，湖的周围是18幢建筑，分别是老年公寓和青年公寓，每两幢老年公寓之间是一幢青年公寓。另外，还有便利小超市、咖啡馆、康复医院等。

老年公寓设施齐全，床位费2000元/月，护理费600~5000元不等（根据老人的生活自理能力和健康状况收取费用）。每幢建筑里还配有棋牌室、书画室、餐厅、休闲活动区等。

青年公寓的房租低得不可思议，500元/月。入住青年公寓的，必须满足一个条件：每个月做满20个小时的志愿者服务，相当于每周5个小时。服务的对象，就是隔壁老年公寓里的老人。服务的内容，包括陪老人聊天儿、写字、活动，教他们使用智能手机，等等。

第四课　人工智能

听力 A

您忙碌一天之后，回到家还要继续做家务？那您太辛苦了！为什么不把这个时间留给自己，看一本好书，喝一杯茶，放松一下呢？做家务的事，交给我们就行了！本公司“三大法宝”机器人帮您搞定一切！

房间里，地上总是有灰尘、头发和污渍怎么办？扫地机器人立刻为您服务！

我们的扫地机器人配有视觉导航系统，能够精准定位，将您家里的每一寸地面都清洁干净。

室内空气的净化也是一件大事。您家里好几个房间，一台空气净化器实在不够用怎么办？从这个房间搬到那个房间，太麻烦了。没关系，我们的空气净化机器人随时听您指示，您让它去哪里它就去哪里，健步如飞，来回奔波，绝不叫累！

最神奇的，也是您最需要的，大概是我们的智能炒菜机。30 分钟搞定四菜一汤，厨艺一流，包您满意！做出来的菜，味道绝不比大饭店里的差。而且，做完菜后，厨房里干干净净，桌上没有水渍，墙上没有油渍！

您还等什么呢？

听力 B

想象一下，你在街头看到一辆汽车迎面开过来，可是仔细一看，汽车里平时应该坐着司机的地方竟然空无一人！

不要惊讶，不要以为你遇见了鬼魂。这是自动驾驶汽车，又称无人驾驶汽车、电脑驾驶汽车，它是一种通过电脑系统实现无人驾驶的智能汽车。

2010 年 10 月，谷歌公司在官方博客中宣布，他们正在开发自动驾驶汽车。据说，自动驾驶汽车高度安全，甚至比人工驾驶更加安全。

2012 年 5 月，谷歌自动驾驶汽车获得了美国首个自动驾驶车辆许可证。在一些国家和地区，已经在法律上明确允许自动驾驶车辆上路。

有机构预计，到 2035 年，自动驾驶汽车全球总销量将达到一千多万辆；2050 年之后，几乎所有汽车都将是自动驾驶的。

拓展练习 · 听力

一项最新研究成果显示，未来 50 年内，机器人将取代数百万个人类工作职位，从货车司机到畅销书作家。

352 位人工智能研究者参加了此次调查，对机器人何时将取代各种人类工作这个问题发表了他们的意见。大多数人认为，未来 10 年内，最有可能实现自动化的是机械性任务。例如，预计到 2024 年，机器人在语言翻译方面将超过人类；

到2026年，机器人将能够写出比人类更好的叙述性文章。至于那些更复杂和更具创造性的任务，例如写论文和进行高等数学运算，则需要更长时间。到2061年，人工智能将可以完成所有人类任务；到2136年，机器人将取代所有人类职位。

这意味着什么呢？有人说，到那时候，人类就可以真正享福了；也有人说，到那时候，人类就灭亡了；还有人说，到那时候，人类就成了机器人的玩具；还有人说，到那时候，人和机器已融为一体，人的思想成为数据装进了电脑，人就是那个机器，那个机器就是人。哦，到时候该叫什么？“机器人”，还是“人机器”？

第五课　鞭炮和年味

听力 A

这两年春节我最大的感受是，年三十晚上跑出去放鞭炮的人越来越少了，一边看春晚一边拿着手机刷微信的人越来越多了。兴高采烈地去放烟花爆竹的，其实大多是父辈，比如我爹——真正是一脸孩子才有的兴奋，这种表情也许一年就这么一回。

我个人不太喜欢放鞭炮。时代变了，娱乐的方式、人与人之间的关系都跟着变了。很多小时候盼着过年放鞭炮的人，现在也一本正经地讨论禁放的问题，完全忘了自己当年的那种兴奋。传统、民俗什么的，其实也没什么不好，只是和坐花轿、划龙舟一样，过时了，不适应这个时代了。它们也许不会马上死掉，但会慢慢老去。这是没办法的事。

听力 B

除夕放鞭炮，是我们的传统习俗，我觉得不应该完全禁止。

记得小时候，我老家也禁放过几年，那几年在除夕夜，所有的人都感到无比冷清。年味本来就一年比一年淡了，现在连鞭炮声也没有了，那还过什么年啊？

禁止放鞭炮是考虑到环境污染问题、安全问题，但是汽车比鞭炮更污染环境，更容易出安全事故，我们也不可能禁止开车，不是吗？

一些传统习俗也许最终都会消失，但我觉得不应该急着去杀死它们，我们不应该那么着急地去背叛自己的童年。

拓展练习·听力

我觉得烟花爆竹确实不能随便燃放，但是可以由政府来组织。

我们可以借鉴一下国外的经验。在欧美，燃放烟火通常都是政府统一组织的，效果更好，更安全。

日本很多地方有烟花节，专门在这一天放烟花。人们可以自己买来烟花，当然也有政府买的，最后统一在一个地方燃放。所有人坐在一起欣赏，最后统一清理。

其实咱们也完全可以借鉴这种做法。小区或者街道可以组织大家在一个固定的时间和地点燃放烟花，比如大年三十的晚上，选一个广场或公园放烟花。这样既有过年的味道，又可以减少噪声污染和环境污染，也更加安全。

第六课 我爱足球

听力 A

（世界杯期间，记者采访了一对年轻夫妇。）

记者：您好，据说世界杯对很多人的家庭生活产生了影响。您是怎么看待世界杯的呢？

女：世界杯特别好，我特别感谢它。

记者：哦？此话怎讲？

女：它让我老公变得勤快多了。

记者：怎么做到的？能具体说说吗？

女：跟老公“赌球”啊。他赢了，第二天我做家务；我赢了，他做家务。现在场场都爆冷门，他已经承包了半个月的家务了。

记者：哇，真好。还有什么其他的影响吗？

女：老公半夜也能醒过来了！以前，晚上要他起来给宝宝冲奶，踹他都踹不醒；现在不用叫，他就自觉醒了，绝不含糊。

记者：大哥，是这样吗？

男：啊，感谢世界杯的时间安排，跟我的作息时间完全一致。晚上宝宝 8 点睡了，刚好看一场，10 点睡；凌晨 2 点宝宝醒了，喂完奶，刚好看第二场。

记者：您也太辛苦了！

男：为了我儿子，拼了！

女：你算了吧。我看，足球才是你的亲儿子！

听力 B

（时代小学的操场上，一场足球比赛正在进行。黄佳音同学在向全校师生现场解说足球比赛实况。）

各位听众，各位观众，现在是下午 4:30，“小小世界杯”足球比赛正在进行中。这场比赛的最大特色，是“男生女生大对决”。

现在是下半场比赛，男生队领先，比分 3:1。

现在女生队发球。5 号王晨云把球传给 6 号张梦晓，张梦晓把球传给 3 号李娅锋，李娅锋抬脚猛射！球进了！对方门卫根本来不及反应。现在比分 3:2。李娅锋是六年三班的，今年 12 岁，是一位非常有前途的前锋。

比赛还有最后 1 分钟。男生队发起最后的进攻。女生队的防守出了一点儿问题。2 号金鑫射门！哎呀，射偏了！

哨声响了。最终男生队以 3:2 的比分赢得了这场比赛。

各位听众，各位观众，比赛到此结束，感谢您收听、收看本场比赛，再见！

拓展练习 · 听力

足坛巨星 C 罗曾在接受媒体采访时，给中国足球提了几点建议。

C 罗说：“我的建议就是继续加油，投资未来，从青少年开始。进步快慢不重要，重要的是要有进步。我想说‘继续下去吧’，给孩子们更多的机会，因为他们才是未来，给他们好的机会、好的场地，比如在学校里面。我觉得这些非常重要，如果没有这些，进步会很难。我希望有一天，中国会出现像我这样，甚至比我优秀的球员。”

C 罗给中国足球的建议大致可分为三点：第一点是重视青少年足球；第二点

是要有耐心，要长期坚持；第三点是要多建足球场，特别是在学校。第一点，其实我们多年前就提了，但是实际上还做得很不够；第二点很重要，我们确实不能太急躁，要踏踏实实地走自己的路；第三点建议很具体，既有针对性，也有可行性，值得引起我们的重视。

第七课　本地人和外地人

听力 A

海归，是城市中正在不断扩大的人群。海归们在选择就业城市时，是否会更偏爱自己的家乡？我们来听听两位海归人士的说法。

张博士毕业于白俄罗斯国立大学。她说："就业时，我更看重城市能否为我提供更多发展机会，我不在乎就业城市与家乡之间的距离。这些年在国外的生活已让我拥有了独立生活的能力。哪里就业机会更多，哪里能为我的未来发展提供更大空间，我就愿意去哪里。"

吕先生是从英国留学回来的海归，现在在南京一家金融机构上班。他说："我在英国读完硕士后完全有机会在当地就业，但反复考虑之后，我还是决定回国。回国以后可以和家人、亲友在一起，这一点比国外给予的高薪更有吸引力，而且，我非常喜欢南京的小吃——盐水鸭。家乡的味道如此美妙，如果没有这些年在国外生活的经历，很难有这样深刻的感受。"

听力 B

我们这本《学说上海话》是专门为"新上海人"编写的。

也许您刚来上海不久，也许您来上海已久，如果您还不会说或说不好上海话，没关系，就从现在开始学说上海话吧！

学一些上海话，能帮助您加深对上海社会和民俗文化的了解，方便与本地人沟通，更好更快地融入上海这个大都市，工作和生活也更加顺利、愉快。

本书选取了日常生活和工作中最常见的场景，以情景对话为主，内容简单易学，每课配有词语表和语法要点，课后有丰富的练习，是一本很实用的上海话教材。另外，本书还结合上海话中的一些特殊说法对本地习俗进行了详细介绍，因此，也是很实用的上海民俗文化读本。

拓展练习 · 听力

你听说过“春运”吗？春运，顾名思义，就是春节运输。它是中国在农历春节前后发生的一种大规模的交通运输现象，历时40天左右。一般意义上的春运，是指中国的城际交通，不包括国际交通。

“春运”一词最早出现于1980年的《人民日报》。改革开放以来，随着对人员流动限制的放宽，春运成为中国的一个独特现象。近30年来，春运大军从1亿人次增长到2015年的28亿人次，相当于让非洲、欧洲、美洲的所有人搬一次家。

在中国，春节是一年中最重要的节日，人们无论离家多远，一般都要尽量在除夕时与家人团聚。在外地打工或就业的人员是春运大军中的主要人群，在外地就读的学生是另一主要人群。当然，春运的人潮中，也包含了利用春节长假外出旅游的人群。

第八课　崇明岛的未来

听力 A

我是崇明本地人。我觉得，崇明是上海市经济最落后的一个区，相比上海市区最近20年的飞速发展，崇明几乎还在农业社会原地踏步，年轻人全跑出去了。你看上海市区的出租车司机，很多就是崇明人。在上海的所有区里，崇明除了人均居住面积、人均寿命、绿化率、空气质量等指标名列前茅以外，在GDP、税收、贸易、消费、房价等指标上，几乎永远是最后一名。对崇明的种田人和打渔人来说，浦东太遥远，“国际生态岛”太梦幻。我们崇明人等发展，等得头发和胡子都白了！

听力 B

按照政府的最新规划，到2035年，要把崇明建设成为世界级生态岛。

崇明一直被称为“上海的后花园”，被看作是休闲度假的好地方。崇明有非常好的生态资源，可惜很多崇明人并没有意识到。我们完全理解当地老百姓发展经济、改善生活的迫切愿望，但是对政府来说，一定要处理好保护环境和发展经济这二者的关系。一方面，要保护好生态环境，坚决不搞大开发，要让大家明白“绿水青山就是金山银山”；另一方面，要大力改善交通条件，发展经济，提高老百姓的生活水平。

拓展练习 · 听力

（一位鸟类学教授在介绍崇明东滩湿地对于鸟类迁徙的重要意义。）

崇明东滩，是我们国家，或者说是整个亚太地区，候鸟迁徙的一个非常关键的驿站。比如说，像一种叫大滨鹬的鸟类，它们在春天离开澳大利亚的时候，体重大概有250克左右，这种鸟可以连续飞行5天5夜，所以它们可以直接跨过西太平洋。在5000公里的长距离飞行过程中，它们的体重会减少一半。到达崇明东滩的时候，体重只有100克多一些，所以它们迫切需要崇明东滩这样一处栖息地，来为它们提供休息的地方，补充能量，这样它们才能继续向繁殖地、向北方飞行。崇明东滩对鸟类来讲，就相当于一个加油站。如果没有这样一个加油站的话，这些鸟类就可能没法儿完成它们的迁徙活动，就飞不到目的地。

第九课　玄奘的故事

听力 A

各位游客，我们现在来到了大雁塔南广场。这尊铜像就是唐代僧人玄奘。大家知道玄奘吗？可能有些游客不知道，但是大家一定知道唐僧去西天取经的故事。对，玄奘就是传说中的那位唐僧。去取什么经呢？当然是佛经。大家看，他好像正走在西行取经的路上。

…………

现在，我们来到了大雁塔脚下。大家知道，玄奘法师从印度取经回来，带回了大量的佛经和佛舍利。为了保存这些佛经和佛舍利，公元652年，朝廷批准建造了一座五层佛塔。这座佛塔，因为是砖木结构的，40多年后就逐渐毁坏了。后来，女皇武则天组织重建，将大雁塔改建为七层宝塔。千百年来，大雁塔一直是古城西安的象征和标志性建筑。